중국에서 만나는 한국독립운동사

이 도서의 국립중앙도서관 출판예정도서목록(CIP)은 서지정보유통지원시스템 홈페이지(http://seoji.nl.go.kr)와 국가자료공동목록시스템(http://www.nl.go.kr/kolisnet)에서 이용하실 수 있습니다.(CIP제어번호: CIP2017033795)

하얼빈에서 광저우까지 중국 대륙에 뿌린 한민족 독립운동 현장 답사기

중국에서 만나는 한국 독립운동사

윤태옥 지음

섬앤섬

일러두기(중국어 인명 지명 등의 표기와 관련 사적지 안내)

1. 중국의 인명 지명은 독립운동 관련 시기와 그 이후의 현대의 것은 외래어 표기법에 따랐다. 한자를 병기할 경우 여행정보의 의미를 살리기 위해 괄호 안에 중국 간체자를 우선 사용하고 필요한 경우 우리 한자(번체자)를 병기했다.

2. 다음과 같은 경우에는 가독성을 높이기 위해 우리말 독음을 사용했다.
   (1) 주소에 사용되는 행정구역이나 가로의 명칭 그리고 자연물의 명칭에서 접미사가 우리와 동일하거나 유사한 경우. (예) 가, 대가, 북대가, 남대가, 로, 남로, 중로, 대로, 역[站], 성, 시, 현, 진, 향, 촌, 산, 강, 호湖, 문门, 사寺
   우리말에 없는 胡同, 巷은 외래어 표기에 따라 후통, 샹으로 했다. (예) 난뤄구샹南锣鼓巷, 마오얼후퉁帽儿胡同
   접미사가 두 개 겹치면 제일 뒤의 것만 우리말을 사용했다. (예) 황피난루역黄陂南路站
   陕西省은 산시성山西省과 혼동을 피하기 위해 섬서성으로 표기했다. 홍콩 지명은 중국어 지명을 따르지 않고 우리말로 했다.
   행정구역 내지 주소가 아닌 화북 만주 동북 등은 우리말을 사용했다.
   상하이는 임시정부 명칭으로 사용할 경우에만 상해로 표기했다.
   (2) 건축물, 사찰, 궁성, 누각 등의 명칭은 필자의 판단에 따라 여행정보의 의미가 큰 경우는 외래어 표기법으로, 그렇지 않은 경우는 우리말 독음으로 하거나 두 가지를 병기 표기했다.
   톈안문天安门
   차이칭별장载青别墅
   숭원문崇文门
   관음사후퉁观音寺胡同(현재는 없는 가로명)

3. 중국 내 한국독립운동관련 사적지 정보는 독립기념관 홈페이지 국외 독립운동 사적지 안내를 참고했다. 여행을 계획하시는 분들에게 유용하다(http://oversea.i815.or.kr/)

조국의 독립을 위해 산화해간 모든 분들과
그들의 희생을 온몸으로 견뎌야 했던 가족분들께

차례

프롤로그 — 여행길에서 마주친 역사의 현장 · 9

1 베이징1
허위와 이회영 — 감옥에서 시작하는 답사여행 · 23
"스스로 차로불통此路不通에 뛰어든 개척자들"

2 베이징2
이육사 — 광야의 초인만 남은 고문치사의 현장 · 41
"둥창후퉁 28호의 허름한 그 건물"

3 상하이1
임시정부와 윤봉길 — 제국에서 민국으로 · 65
"살아서는 돌아오지 않는다"

4 상하이2
의열단과 사회주의 — 상하이에 명멸했던 투사들 · 87
"자유를 위해서라면 내 그대마저 바치리"

5 광저우
김산 — 아리랑에 담긴 혈맹의 현대사 · 109
"독립 투쟁의 시대, 누가 진정한 동맹이었는가"

6 난징

김원봉 — 21세기에 부활하는 역사, 김원봉 · 133

"남과 북의 권력이 지워버린 독립운동의 영웅"

7 타이항산

조선의용군 — 마지막까지 항일전쟁을 치른 독립군 · 159

"분단의 비극과 권력투쟁에 통곡한 전사들"

8 만주1

안중근과 양세봉 — 동아시아의 영웅 안중근, 남북의 총사령 양세봉 · 187

"죽음에 이르는 길을 다시 걷다"

9 만주2

옌볜의 조선인들 — 가장 뜨거웠던 별들 · 213

"기억하는 역사가 승리한다"

10 만주3

동북항일연군 — 만주 벌판 최후의 파르티잔 허형식 · 241

"김일성과 박정희를 조연으로 세운다"

에필로그 · 270

프롤로그

전각 류시호

여행길에서 마주친
역사의 현장

2012년 10월 22일 오후 중국 섬서성 옌안延安 시내에서 멀지 않은 허름한 마을 뤄자핑罗家坪. 마을 입구의 개천에 낡은 콘크리트 다리가 걸쳐 있고, 머리 위로는 철교가 지나고 있었다. 다리를 건너자 좌판이 다닥다닥 붙은 시골 장터가 보였다. 작은 공터에서 중년의 남정네 네댓이 한가로운 잡담으로 시간을 보내고 있었다. 그들의 한가로운 시간을 무료한듯 바라보며 서 있는 표지標識를 나는 찬찬히 들여다 보았다. 높이 1미터 정도, 검은 바탕에 누런 글씨가 음각으로 드러난 비석은 마을 입구만큼이나 허름했다.

당시 나는 중국 각 지방의 전통 민가民家를 찾아다니고 있었다. 옌안은 황토고원 특유의 동굴집인 요동窯洞이 많은 곳이다. 옌안의 전

> ### 조선혁명군정학교 구지(旧址) 간개(简介)
> (1944~45년)
>
> 　조선혁명군정학교는 1942년 11월 화북(华北)의 타이항산(太行山)에 세워졌다. 1944년 1월 학교는 타이항산을 떠나 3개월 간 행군을 하여 4월 7일 (옌안에) 도착했고 촨커우촌(川口村)에 주둔했다. 같은 해 9월 이곳에 교사를 신축하여 12월 10일 완공했다.
> 　1945년 2월 5일 성대한 개교식을 열었다. 주더(朱德) 린보취(林伯渠) 우위장(吴玉章) 쉬터리(徐特立)가 참석해 축하했다. 교장은 백연 김두봉, 부교장은 박일우였다. 학교의 목적은 간부를 양성하여 조선민족의 해방을 완성하는 것이었다. 마르크스주의 철학, 정치경제학, 군사학, 일본문제, 조선문제 등의 과목을 가르쳤다. 박일우는 중국공산당 칠대(七大)(제7차 전국대표자대회) 회의에 참석했고 5월 21일 전체대회에서 연설을 했다.
> 　1945년 8월 하순 학교는 옌안을 떠나 조선 북부로 이동했다. 이곳에는 4개의 요동(窯洞)이 남아 있다.
>
> 　　　　　　　　옌안지구 문물관리위원회
> 　　　　　　　　　　1996년 7월 1일

통 민가는 메마른 황토고원에 동굴을 파서 방을 내는 방식이다. 황토고원이라 동굴을 파내기도 쉽고, 여름엔 시원하고 겨울엔 따뜻한 장점이 있다. 온돌을 설치하고 아궁이는 동굴 안과 밖에 하나씩 설치한다. 여름에는 바깥 아궁이에 불을 피워 취사를 하고, 겨울엔 안쪽 아궁이에 불을 피워 취사와 난방을 겸한다. 옌안은 중국공산당이 1934년 10월 장시성(江西省) 루이진(瑞金)의 위두(于都)를 출발해서 368일 동안 죽음의 대장정을 한 끝에 겨우 도착한 곳이다.

마오쩌둥을 위시한 공산당 수뇌부의 거처 역시 이런 동굴집이었다. 옌안 일대에는 지금도 이런 집에서 사는 서민들이 적지 않다.

그런데 옌안에 도착하기 며칠 전 지인 한 사람이 옌안에 가거든 뤄자핑이란 마을에 가서 조선의용군의 흔적을 찾아보라고 했다. 여행 중에도 매일 쓰는 내 블로그 일기에 댓글을 단 것이다. 왠지 호기심이 발동했고 무언지 모를 끌림도 있었다. 나는 옌안에 도착해서 여러 곳의 요동을 답사하고 난 뒤 뤄자핑을 물어 물어 찾아갔다. 다행히 어렵지 않게 찾을 수 있었다.

표지의 설명을 한 줄 한 줄 읽어 내려갔다. 현지인 몇몇이 나를 힐끗 처다보기도 했다. 다 읽은 뒤 나는 알 수 없는 중압감에 심호흡을 크게 했다. 그리고 사람들에게 물었다. 이 표지에서 말하는 네 개의 동굴집이 어디에 있는지. 한 사람이 옆에 있던 백발의 노인을 가리켰다. 얼굴은 가무잡잡하고 키는 작았다. 나는 노인의 소매를 잡아끌었다. 노인이 앞장서서 마을 안쪽으로 들어가더니 이내 비탈길을 따라 뒷산으로 올랐다. 마을은 가난이 덕지덕지 눌어붙은 산동네였다. 산동네를 벗어나 조금 더 올라가서는 사람이 살지 않는 동굴 네 개를 가리켰다.

나는 찬찬히 살폈다. 깊이 8~9미터, 높이 3미터, 가로 5미터 정도인 동굴 네 개가 휑하니 뚫려 있을 뿐이었다. 동굴 안팎에는 쓰레기가 널려 있었다. 볼품없이 말라버린 옥수수 몇 대가 메마른 느낌만 더해주고 있었다.

조선의용군이 1944~45년 이 동굴 집에 거주했다고는 하지만 일제 패망 이후 조선 북부로 이동한 다음에는 현지인들이 살았을 것이다. 이마저도 언제부터인가 버려진 집이었을 터이니 동굴 자체가 흔적일 뿐 그밖에 무엇이 더 남아 있을 리도 없었다. 길을 안내해준 노인에게 약간의 사례를 하고 나는 한참이나 더 서성이다 내려왔다. 까닭 모를 기운이 뒷덜미를 잡아당기는 통에 곧바로 숙소로 돌아가는 버스를 타지도 못했다. 군정학교 표지 앞의 작은 시장에서 매운 국수로 한 끼를 때웠다. 면발은 질깃했다. 산초와 고추가 섞인 텁텁한 양념 기운이 입 안을 가득 채웠다.

그날 저녁 옌안 시내의 숙소에 돌아와서 답사내용을 블로그에 메모하면서 곰곰이 생각해 보았다. 언젠가 바람소리처럼 들렸던 이야기가 조금씩 망각의 커튼을 적시며 배어나왔다. 그러다 어느 순간 뒷북치듯이 이 한 마디가 입 밖으로 튀어 나왔다.

"연안파!"

옌안 지역을 중심으로 일제에 대항해 활동하다가 귀국한 이들을 연안파라 불렀다. 한국전쟁 당시 북한 인민군의 주력 간부들이 연안파였다는 이야기도 생각났다. 전쟁이 끝나고는 김일성에게 거의 숙청을 당했다던가…… 무정이란 이름도 떠올랐다.

섬서성 황토고원 어느 골짜기에서 조선인의 흔적을 만나다니. 그날 블로그 일기에 다음과 같은 메모를 남겼다.

"1940년대 전반 중국 땅에서 중국공산당과 연계하면서 독립운동을 하던, 약 1천 명의 우리 선배들이 살던 요동입니다. 이들은 해방 이후 그토록 그리던 조국으로 돌아갔습니다. 북한에서는 연안파라고 불렀지요. 권력투쟁에서 김일성에 밀려 사라진 이들의 흔적이 낡은 요동에 묻혀 있습니다. 이제는 북한에서도 남한에서도 돌보지 않고, 현지에서도 육십 넘어 칠십 대나 된 사람들이 겨우 그 존재를 기억할 뿐 빈 동굴이 그대로 방치돼 있습니다. 어떤 경우엔 이념이나 전쟁보다 혹독한 권력투쟁의 일그러진 흔적을 보면서, 사람이란 존재에 대한 우울한 상념에 빠집니다."

연안파의 실물 표지를 맞닥뜨리자, 작은 호수에 조그만 돌멩이 하나가 떨어진 것처럼 파동이 일기 시작했다. 당시 연재하던 〈중국민가기행 요동〉 편은 중국공산당과 조선인의 독립운동 이야기를 일부 얹어서 마무리했다.

"혁명은 광풍이었고 광풍의 끝은 권력이었습니다. 승리한 권력은 기념관에 박제된 권력의 위세를 떨치고 있고, 밀려난 이들(연안파)은 (남에서도 북에서도) 삭제됐고, 가난한 사람들은 그때와 크게 다를 것 없이 허름한 요동에서 살고 있는 것이지요. 어디를 가나 혁명의 앞면에는 피와 열정이, 이면에는 인간과 권력의 치부가 널려 있는 것 같습니다. 권력과 이념으로 삭제된 이들, 이제는 담담한 마음으로 기억을 되살려야 할 때가 아닐는지요." —《주간조선》 (2013. 2. 4)

뤄자핑의 군정학교 표지 이후 몇 가지 질문들이 내 머릿속에 맴돌기 시작했다. 충칭에 있다가 일제 패망 후에 귀국한 임시정부 요인들이 모두 850여 명이었는데 연안파는 그보다 많은 1천 여 명이었다니, 이게 사실일까? '우리의 소원은 통일'이라고 했는데 그 '우리'에는 소련군을 따라 귀국했다는 김일성도 포함되는 것일까? 대한민국에서 동맹이라면 당연히 미국인데, 나라를 통째로 잃어버리고 민족이 개나 돼지로 핍박받던 36년간의 독립투쟁 시기에는 동맹이 없었을까? 있었다면 누구였을까?

사실 스스로에게 가장 민망한 질문은 이런 것이었다. 나라를 망쳐버린 자들은 누구이며, 국권을 되찾겠다고 목숨을 던진 이들은 누구인지, 나는 그 진실을 얼마나 알고 있는지. 김좌진 장군이 '청산리 대첩'에서 대승을 거뒀는데 일본은 왜 망하지 않은 것일까. 유관순 누나는 왜 태극기를 그저 흔들기만 했을까. 임시정부는 왜 정식 정부가 되지 못하고, 김구는 암살당하고 만 것일까. 내가 기억하는 세 사람 김좌진, 유관순, 김구가 독립운동사의 전부인가? 최근 영화를 통해 역사 속에 되살아난 의열단의 김원봉은 도대체 그동안 어디로 사라져 있었던 것일까.

대학이라도 나와서 오십 줄을 넘긴 나이였지만 나는 내 질문에 거의 답을 못했다. 솔직히 말하면 살아오면서 이런 질문 자체를 외면했었다. 20대에는 무지했고, 30대 40대에는 직장에 매여 살았다고 변명을 하더라도, 50대에 들어서도 마찬가지였다. 나는 2006년 이후 지금까지 나름대로 흥미로운 주제들을 세워 매년 5개월 이상 중국을 여행하거나 그곳에 체류했다. 그러나 은연 중에 만주 지역은 비켜 다녔다. 그 이유가 독립운동이었다. 말 달리던 선구자나 광활한 만주 벌판, 백마를 타고 온 초인과 같은 존재들은 실제 역사에서는 모두 좌절로 끝난 비극이라고 생각했다. 비극에서 오는 그 무기력감이 불편했다. 그나마 옌안의 뤄자핑을 다녀온 후 비로소 만주의 독립운동 유적을 한번 찾아봐야겠다는 생각이 조금 들었을 뿐이다.

옌안을 다녀오고 2년이 지난 즈음, 조선혁명군정학교를 귀띔해 주었던 지인과 차를 한 잔 하는데 그의 또 다른 질문 하나가 내 귀에 꽂혔다.

"육사가 노래한 '백마를 타고 오는 초인'이 누구인지 아세요?"

"……"

나는 그와 암호 같은 몇 마디를 더 주고받았다. 그제야 만주가 머릿속에 들어오는 느낌이었다. 《아리랑》의 김산이 유랑하던 중국 남부의 어디인가도 손에 잡히는 듯했다. 사라졌던 의열단의 김원봉도 깊은 산속에서 내려오는 기분이었다. 이렇게 해서 《인문기행 중국》이라는 내 여행에 '독립운동'이라는 새로운 주제가 추가됐다. 나는 독립운동 관련 서적을 찾아 읽기 시작했다. 이것이 2015년 봄의 일이다. 대학을 졸업한 지 30년이 넘은 시점이었다.

독립운동 답사여행은 그해 가을에 시작하여 2017년 초여름까지 모두 열한 차례, 남북으로는 광둥에서 만주까지, 동서로는 상하이에서 신장까지, 내륙에서는 충칭에서 옌안까지 이어졌다. 대부분 옛 중국 땅에서 벌어진 대한독립운동의 흔적을 찾아다닌 여행이다. 꼭 필요하다 싶을 때에는 국내에서 기념관과 박물관 등을 미리 찾아가기도 했다. 때로는 혼자서, 때로는 동반자들과 함께.

여행을 마치고 《월간중앙》에 답사기를 연재했다. 이제는 그것을 모아 최종적으로 정리하려고 한다. 사실 여행과 글쓰기는 별개의 일이다. 여행은 길 위에서 읽는 책이고, 일기는 그날그날 남기는 비망備忘이다. 그러나 여행기는 내 자리로 다시 돌아와야 시작할 수 있는, 기억과 경험으로 여행을 재구성하는 것이다. 왜 여행을 여행으로 끝내지 않고 여행기로 갈무리하려 했을까. 누가 시킨 것도 아니고 돈이 되는 것도 아닌데, 나는 왜 쓰려고 했을까.

여행기는 배낭에 넣었던 것들을 풀어서 짐정리를 하는, 일종의 복습이다. 떠나기 전에 했던 예습과 현장의 소감 그리고 돌아와서 하는 되새김질의 총합이다. 이 같은 여행기를 남기는 이유는 '돌아서면 잊어버리는' 기억력에 대처하려는 것일 뿐 역사를 잊어버리면 미래도 잃어버린다는 거창한 이유 따위는 없다. 그저 기억과 경험을 기록하고 정리해두지 않으면 나라는 존재 자체도 증발될 것만 같은 막연한 두려움이 내 안에 웅크리고 있는 까닭이다.

그렇지만 한편으로는 남에게 드러내고 싶은 통속적인 욕구도 배어 있음을 숨길 수는 없다. 여행은 정착지를 떠난 모든 활동이다. 소득이 늘고, 여가가 강조되고 교통통신이 발달할수록, 우리 인생에서 여행이 차지하는 비중은 높아져 왔고 앞으로도 그럴 것이다. 그만큼 여행의 다양성 또한 함께 커지고 있다. 여행의 초점도 어디를 가는가에서 누구와 가는지 어떤 목적으로 가는지 다양해졌다. 그 가운데 하나는 (스폰서가 있고 전문가가 나서는 거창한 여행이 아닌) 일반인의 개인 테마여행을 공유하면서 나를 드러내는 것이라고 하겠다. 전문가가 아니더라도 조금만 준비하면 얼마든지 혼자만의 테마여행을 할 수 있게 된 것이다. 본질은 잘난 척이겠으나 그렇다고 해서 큰 욕심도 아니다.

말은 거창하지만 속내는 소심한 이유도 있었다. 이번 여행에서 나는 우리의 교육이 내게 온당하게 가르쳤어야 하나 가르치지 않았던 것들을 적잖이 알게 됐다. 아니 일부러 찾아다니기까지 했다. 바로 사회주의, 공산주의라는 이념을 나름의 희망으로 품고 독립운동에 투신한 인물들의 이야기이다. 이념의 차이를 이유로 밀어내고 권력의 독선으로 지워버린 독립운동가들을 찾아가는 발길이 더 많았고, 그들에 대한 기억을 더 많은 지면에 재구성하려고 한다. 그들은 후손들이 당연히 가졌어야 할 기억에서 사라졌다. 남한에서도 잊혀졌고 북한에서도 지워졌다. 이런 면에서 이번 독립운동 답사기는, 우리 사회가 무엇인가 의도적으로 배제한 행위에 대한 나만의 소심한 반격이다. 의도적인 배제는 시야를 원천적으로 차단하는 것이며, 그것은 사악한 거짓말만큼이나 나쁜 일이다. 나는 그런 거짓말에 대해 내 나름의 방식으로 되치는 마음으로 이 여행기를 쓰는 것이다.

조금 더 큰 욕심도 있다. '우리의 소원은 통일'이라고 할 때 그 '우리'가 누구인지. 내가 배워온 통일은, 신성불가침의 절대선이고, 그것은 어느 날 갑자기 북녘의 동포를 와락 끌어안는 감격의 폭포 같은 것이었다. 그러나 나이 들어 40을 넘기면서 생각이 달라지기 시작했다. 와락 끌어안았다가 다시 팔을 펴서 서로 얼굴을 마주보았을 때의 그 낯섦과 서먹함, 어색함을 어떻게 할 것인지 스스로 의아했다. 이산가족이 재회했으나 눈물의 상봉 이후 다시 이산 상태로 살아가는 사례를 여러 번 목격하면서 와락 끌어안는 것만이 최선은 아닐 수도 있다는 생각이 들었다. 남북은커녕 동서로도 분열하고 날카롭게 대립하는 것을 무수히 목격한 탓인가? 아무튼 통일은 상대방을 절멸케 하거나 내 앞에 무릎 꿇게 하는 방식으로는 바람직하지도 않고, 가능하지도 않을 것이다. 설혹 그렇게 된다 하더라도 그런 일방의 통일이 우리를 더 행복하게 하는 건 아니라는 생각이 들었다.

이런 의구심으로 인해 '우리의 소원은 통일'이라 할 때 '우리'가 누구인지를 곰곰이 생각하곤 했다. 고구려와 발해의 땅이 우리 땅인가? 그렇다면 그 후손도 우리에 포함되는가. 만주 이곳저곳에서 살아왔던 만주족, 허저족, 어윈커족, 어룬춘족, 시보족, 몽골족은 우리에 속하는가. 조선에는 지배하는 권력과 지배 받았던 백성이 있었다. 조선의 왕과 대한제국의 황제는 조선 백성의 후손인 나와 함께 하는 우리일 수 있는가. 상당 수준의 긴장관계에 있는 일본과 중국 또는 러시아와 미국의 국적을 갖고 있는 동포들은 우리라는 범주에 어떻게 포함할 것인가.

그런 생각 끝에, 우리라는 존재의 테두리를 20세기 전반기 50년 동안 목숨 던져 전개했던 독립운동에서 찾을 수도 있겠다는 생각이 들었다. 조선의 왕실과 양반들은 나라를 철저하게 망가뜨렸고 결국 제국주의의 손아귀에 제물로 바치다시피 했지만 그들이 빼앗긴 나라를 내 손으로 되찾겠다고 나선 이들도 있었다. 사람들은 일제의 힘에 눌려 일상의 굴복을 강요당했지만 드러나게 드러나지 않게 그들을 응원했다. 그 독립운동에서 우리라는 공동체의 요소를 찾아보자는 것이다. 독립운동에 목숨을 던진 사람들을 훑어서 그들을 나열하면 그것이 우리라는 공통의 요소가 되지 않겠는가.

한국전쟁의 연장선상에서 통일을 고집하면, 남북 누구든 상대방을 굴복케 해야만 통일이라는 위험한 결론에 다다르기 쉽다. 이것이 바람직한지는 물론 실현 자체가 가능한지도 모르겠다. 북한이 곧 망할 것이라는 '희망찬 기대'는 김일성 사망 전후부터 지금까지 20년이 훨씬 넘었지만 실현되지 않았다.

그러나 한국전쟁이 아닌 독립운동의 연장선에서 우리를 조망해보면 무언가 다르게 볼 수 있을 듯했다. 지금은 남북으로 갈라져 살고 있고, 주변 여러 나라에 흩어져 다른 국적으로 살고 있지만, 서로 존중하고 공존할 수 있는 공통의 가치를 찾아낼 수는 없을까? 지금 다른 국적을 갖고 있다고 해도 통상의 외국인과는 어떻게 다른지 그 근거를 찾아볼 수 있을 것 같았다. 엄연한 현실로서 김일성에서 이승만에 이르는, 남북이라는 역사의 실체를 함께 아우를 수 있는 틀은 독립운동에서 찾아야 한다는 생각이 들었다. 우리가 제대로 몰랐던 독립운동과 그 안에서 희생된 많은 사람들을 찾아보자. 그들을 온당하게 바라보고 음미하다보면 우리를 하나로 다시 확인할 수 있을 거라는 게 내 소박하지만 큰 욕심이다. 과욕일까?

답사여행을 준비할 때에는 제대로 인식하지 못했으나 중국 곳곳을 다니면서 느낀 것도 독자들과 나누고 싶었다. 과거의 역사에서든 오늘의 현실에서든 주변 강대국들 가운데 과연 누가 우리의 동맹일까 하는 질문이다. 결론부터 말하자면 20세기 전반 조선인의 독립운동에서는 중국과 중국인이 동맹이었다. 쑨원, 장제스, 마오쩌둥과 같은 최고 권력자에서 대도시와 농촌 구석구석의 중국 인민들에 이르기까지, 상하이에서 베이징, 광저우 그리고 만주에 이르기까지 우리 독립운동의 첫 번째 동맹은 중국과 중국인이었다. 우리에게는 국제적으로 널리 승인받은 정부가 없던 상태였으니 명문 조약이랄 것은 없었다. 중국인과 조선인들 사이에 갈등도 있었다. 물론 중국은 자신의 필요에 따라 그리했고, 국익의 한계를 벗어난 적도 없었다. 그럼에도 불구하고 조선인들의 독립운동에서 후원자 내지 지원자로서 연합전선을 전개한 이들은 질적으로나 양적으로 중국이 최고였고 제일이었다.

그에 반해 미국은 우리의 독립운동에 단 한 번도 적극적이지 않았다. 아니 찬성조차 하지 않았다. 오히려 카쓰라-태프트 밀약에서는 조선을 일본에 넘겼다. 일제 강점기에도 소련이나 중국이 조선의 독립을 언급하면 완강한 반대 입장을 고집했다. 그러나 일제가 패망한 이후 점령군으로 남한에 진주해서 자기들 이익을 좇아 이승만을 내세웠고, 한국전쟁의 당사자가 되면서는 군사 동맹이 됐다. 심지어 혈맹이란 어휘가 대한민국 정치인들 입에서 심심찮게 튀어나오는 것이 오늘의 현실이다.

20세기 전반의 중국과 20세기 후반의 미국을 대비해서 종합하면, 동맹이란 불변이 아닐 뿐더러 동맹을 넘어선 '피[血]의 맹약'도 존재하지 않는다는 상식을 재확인하게 된다. 독립운동사 답사여행을 통해 이제야 이런 상식을 실감한 내 어리석음을, 뒤늦게나마 독자들과 공유하고 싶었다.

과분한 욕심으로 인해 무위에 그쳤는지 모르겠으나 여행기 속에 독립운동사의 전체 윤곽을 어느 정도는 담아보려고 애썼다. 한 사람의 흉상을 찾아가도 개인사에 국한하지 않고, 가능하면 그에게서 읽어낼 수 있는 전체 독립운동의 흐름을 짚어보고자 했다. 그럼에도 불구하고 내 역사 지식이 너무 일천해서 욕심만 그러했노라고 고백하지 않을 수가 없다. 그러므로 구체적인 답사현장에서 역사의 큰 흐름으로 들어섰다가도 한참을 헤매곤 할 것이다.

덧붙여, 여행 준비 단계에서 단단히 마음을 먹었지만 막상 여행을 시작하자마자 얼마 되지 않아 곧 포기한 것도 있다. 돌아와 글로써라도 어찌해볼까 궁리했으나 결론은 마찬가지였다. 그것은 독립운동에 대한 과도한 엄숙주의에서 벗어나자는 것이었다. 비장하게 죽음으로 끝나는 독립운동의 역사는, 그것을 읽는 후손에게는 감성적으로 버거운 것이 사실이다. 그래서 탈脫 엄숙주의를 어떻게든 유지하려고 했다.

그러나 첫 번째 사적지를 돌아보고 나오는 순간 그것은 불가능함을 일찌감치 깨달았다. 독립운동을 거쳐 해방 후 현실의 권력까지 쥐어잡은 이승만이나 김일성이라면, 발칙한 상상에 때로는 욕설을 얹어서까지 이렇다 저렇다 운운할 수도 있겠지만 민족의 해방, 조국의 독립은커녕 일제의 패망조차 보지 못하고 생을 마감한 수많은 투사들 앞에서 나는 나도 모르게 엄숙주의로 회귀하기 일쑤였다. 독립운동의 다음 단원이 미국과 소련의 남북한 분할 점령, 그리고 동족상잔이란 최악의 비극이 아니었더라면 그나마도 탈엄숙주의의 틈이 조금 있었을지도 모르겠다. 그러나 이미 현실의 역사가 그렇게 펼쳐졌으니 문학적 상상력도 없는 내게 탈엄숙주의는 애당초 성립 불가능한 꿈이었던 듯하다.

이런 마음으로 일 년 반 넘게 독립운동 답사여행을 함께 해온 노트북을 열고 있다. 독자 여러분들에게는 책 속으로의 여행이라고 유혹하면서 기록을 시작한다. 다 읽고 나거든 아니 읽는 도중이라도 중국 어디든, 우리 선조들의 독립운동 흔적이 있는 곳을 향해 배낭 한번 싸보는 건 어떻겠냐는 이야기를 곁들이면서.

1
감옥에서 시작하는 답사여행

스스로 차로불통 此路不通 에
뛰어든 개척자들

베이징 1

왕산 허위와 우당 이회영

 2015년 8월 어느 무더운 날, 나는 중국 답사 여행을 시작하기 전에 서울 서대문형무소역사관을 먼저 찾았다. 대한제국 말기인 1908년에 일본이 경성감옥이란 이름으로 처음 세웠고 해방 이후에는 서울형무소, 서울구치소란 이름으로 존속하다 1987년 서울구치소가 경기도 의왕으로 이전하면서 역사박물관으로 탈바꿈했다.
 그런데 상식적으로 이상한 일이다. 범죄자들을 가두는 형무소는 들어가는 것은 물론 가까이 있는 것조차 꺼리는 일종의 혐오시설이다. 이런 곳을 국가 사적으로 지정하고 '자유와 평화의 외침'을 기념하는 역사박물관이라 하니 어찌된 일인가.
 서대문형무소는 개소 이후 증축을 거듭해서 1930년대에는 신축 당시에 비해 수용 규모가 30배를 넘었다. 그동안 일본 제국주의에 항거하는 독립운동, 이른바 사상범이 급증했던 까닭이다. 나라를 구하겠다는 사람들이 나라의 감옥에 갇혔고, 잔혹한 수감 생활에 죽어 나가거나 사형장으로 끌려갔다. 해방 이후에도 크게 달라지지 않았다. 이승만의 독재에 반대하는 정치인은 걸핏하면 정치범이 되어 갇혔다. 정치적 이념이 달랐던 진보 인사들 상당수가 이곳에서 고통을 당했다. 이들 가운데에는 해방 이전의 독립운동가들이 적지 않았다. 박정희 독재시대에도 형무소의 정치학과 역사학은 바뀌지 않았다. 민주주의를 외치는 이들은 서대문으로 줄을 지어 들어왔다.

  형무소가 역사박물관이 되는, 상식으로는 '이상한 일'이 바로 우리 현대사이다. 순탄한 역사가 아니라 질곡의 역사이다. '역사는 무덤과의 대화'라고 하던 한 역사학자의 말이 생각났다. 고대사를 연구하다보면, 무덤과 그곳에서 출토되는 부장품이 귀중한 사료인 까닭에 답사를 해도 무덤을 찾아가는 게 태반이라는 말이다. 이에 비하면 한국 현대사는 그 현장이 '감옥'에 있지 않나 싶다. 지난 20세기가 그랬으며, 그 전의 백 년인 19세기도 다르지 않았다. 정의란 거리에서 시작해서 경찰서 유치장을 오가다 다시 들어가면 감옥과 사형장으로 통하곤 했다. 19세기의 백 년은 수탈에 항거하는 민란이 진압과 감옥과 사형장으로 끝나곤 했다. 20세기 전반은 잃어버린 국권을 되찾겠다고 국내에서 또는 이국땅에서 떠돌다가 감옥으로 잡혀가기가 예사였다. 잔인한 고문과 고통스러운 수감생활로 몸과 마음을 상하는 것은 기본이고, 많은 이들이 고문치사로 생을 마감했다. 고문을 이겨내지 못한 채 변절의 낙인이 찍힌 이도 많았고, 그걸 견뎌낸 '고문강자'는 기약 없는 장기복역 아니면 사형장이었다. 20세기 후반에 민주주의를 외치던 이들도 거리에서 시작해 이른바 '닭장차'를 거쳐 감옥으로 끌려갔다. 사형장까지 갖추었던 서대문형무소가 바로 그 현장이다. 슬픈 역사이다. 역사는 발전한다지만 피고름을 먹어야만 앞으로 가는 악마의 습성을 갖고 있는 것은 아닌지.

서대문형무소 박물관 안으로 들어서니 야외에는 〈광복 70주년 기념전-돌아온 이름들〉이란 전시회가 열리고 있었다. 열두 폭의 흰 천을 옥상에서 잔디밭으로 길게 늘어뜨리고, 그 위에 266명의 낯선 이름들을 써놓았다. 전부 여성 독립운동가들의 이름이었다. 침침한 눈으로 한참이나 들여다보았다. 과연 몇 명이나 알고 있을까. 그로부터 1년 반이 훨씬 더 지나 글로 정리하는 지금, 그때의 사진을 꺼내 그 이름들을 하나하나 다시 확인해봤다. 내가 아는 이름은 이화림, 주세죽, 박차정, 유관순, 윤희순 다섯뿐이었다. 서대문형무소 현장에서 보았을 때에는, 솔직히 하나도 찾아내지 못했다. 유관순은 아는 이름이었지만 시력이 좋지 않은 데다가 안경을 쓰지 않아 찾아내지 못했다. 나머지 넷은 그나마 일 년 넘게 독립운동 답사여행을 하면서 알게 된 인물들이다. 이게 오늘날 대한민국 중년 사내들의 민망한 평균 역사인식인지도 모른다. 입으로는 만어를 농하지만 흉중에는 일계도 없다는 말이 떠올랐다.

실내의 상설 전시관을 돌아보았다. 해방 전의 독립운동과 해방 후의 민주화운동이 한눈에 보기 좋게 정리되어 있었다. 그러나 옥의 티처럼 슬쩍 마음에 거북한 것들도 눈에 들어왔다. 3.1운동에 대한 이런 언급이다.

"독립선언을 발표한 민족대표 33인은 일경에 체포되어 서대문

형무소에 수감되었다. 이들은 일제의 가혹한 심문에도 의연하게 수감생활을 하여 민족의 자존심을 굽히지 않았고 그 가운데 양한묵, 박준승, 손병희 열사 등이 모진 고문으로 옥사, 순국하였다."

그러나 민족대표 33인 가운데 그 명예를 끝까지 지킨 이들은 몇이나 될까. 3인은 훗날 노골적인 친일 매국으로 돌아섰는데, 기독교 대표 박희도와 정춘수, 천도교 대표 최린이 그랬다. 독립선언문을 직접 썼던 당대 최고의 문장가 최남선 역시 다르지 않았다. 독립운동에 나섰던 인사 가운데 상당수가 친일로 돌아선 변절자인 사실이 우리의 엄연한 역사이고 현실이다. 독립운동사에서 '훗날의 변절'은 중요하다. 변절은 단순한 생각의 변화가 아니기 때문이다. 혼자만 뒤돌아선 것이 아니라 동지의 등에 칼을 꽂는 행위였다. 그래서 일제 강점기는 독립운동사와 친일변절사가 동전의 양면처럼 한 짝을 이루고 있는 역사의 아픈 지점이다.

서대문형무소 내부를 다 둘러보고 나오니 '소망과 감사의 벽'이란 제목으로 바깥 벽면에 수십 개의 걸개그림들이 걸려 있었다. 잘 알려진 독립운동가들의 초상이었다. 안중근, 한용운, 윤봉길, 이봉창 등이 있었다. 그 가운데 갓을 쓴 인물이 내 눈에 들어왔다. 의병장 왕산 허위(1854~1908)이다.

허위는 내 독립운동 답사기의 시작이자 끝이라고 할 수 있다. 실제로 이 글은 허위에서 시작해서 허위 가문의 손자 허형식 희생지와, 허위의 생가이자 허형식이 태어나 어린 시절 살았던 구미시 임은동에서 끝맺을 예정이다. 서대문형무소 박물관에서 갓을 쓴 그의 걸개그림에 시선이 끌린 것은 우연이었겠으나, 지나고 나서 보니 암암리에 허위의 안내를 따라 답사여행을 한 게 아닌가 싶은 생각이 든다.

　허위는 1854년 지금의 구미시 임은동에서 태어났다. 큰형인 허훈에게서 학문을 배운 전통 유생이다. 일제의 명성황후 시해와 단발령에 항거하여 1896년 김천에서 의병을 일으켜 충북 진천까지 진출했으나 고종의 지시를 받고는 해산했다. 그 후 관직에 나가 평리원 재판관, 의정부 참찬, 비서원 승丞을 역임했다. 1904년 한일의정서가 강제로 조인되자 전국에 배일통문을 돌려 일제를 규탄하고 전 국민의 분발을 촉구했다. 친일매국단체 일진회가 조직되자 이에 반대하는 운동도 강력하게 전개했다. 그러나 시대는 이미 일제의 조선 침탈로 기울었고 1905년 수차례 일본 헌병대에 구금을 당하는 와중에 관직에서도 물러났다.

　1907년 9월에는 경기도 연천, 적성, 철원 등지에서 다시 의병을 일으켜 일본군과 전투를 벌이면서 친일매국 분자 소탕에 나섰다. 허위는 전국 각지의 의병 1만여 명으로 13도 연합의병 창의군을 결성했다. 창의군 선발대는 1908년 1월 일본의 조선통치 본부인 통감부를 치기 위해 서울로 진격했으나 본대의 합류가 늦어지면서 화력이 우세한 일본군에 패퇴했다. 서울진공작전 실패 이후 경기도 연천과 임진강 일대에서 의병활동을 계속했으나 결국 일본군에 체포되어 서대문형무소로 끌려갔다. 그리고 그해 9월 27일 서대문형무소에서 첫 번째 사형이 집행되었으니 그가 바로 허위이다.

　그가 세상을 떠난 지 54년 후인 1962년 대한제국이 아닌 대한민국 정부가 그에게 건국훈장 대한민국장을 1호로 추서했다. 서훈 몇 년 뒤에는 그의 업적과 정신을 기리고자 서울진공작전을 펼쳤던 청량리에서 동대문에 이르는 도로를 그의 호를 따서 왕산로라

개칭했다. 금오산 현월봉을 바라볼 수 있는 그의 고향 구미시 임은동 야산 중턱에는 '왕산허위기념관'이 세워져 있다. 그곳의 초등학교는 왕산초등학교이고 길 이름도 왕산로이다.

의병활동에서 그의 공적이 크기도 하지만 내가 좀 더 주목하게 된 것은 허위 한 사람이 아니라 그의 가문 전체가 독립운동에 헌신했다는 점이다. 허위가 의병을 일으켰을 때 이미 친형제와 사촌들은 물론 자녀와 조카들까지 깊숙하게 참여했다. 허위가 사형 당한 이후 일제의 감시 속에 살던 허 씨 일가는 일부만 고향에 남고 많은 가족들이 차례로 만주로 망명했다. 그가 서거한 후에도 형제와 조카들은 물론 손자들이 성장하면서 독립운동에 투신했다.

허위의 친형 허겸(1851~1940)은 1905년 이완용 등 오적을 암살하려는 사건에 연루되어 체포되어 귀양살이까지 했다. 1907년 신민회 활동을 하다가 1912년 허위의 유족을 데리고 만주로 망명했다. 만주 통화현에서 부민단扶民團을 조직하여 초대 단장을 역임했다. 1922년에는 71세의 고령으로 국내에 잠입하여 군자금을 모집하다가 체포되어 옥고를 치렀다. 출옥 후에도 다시 만주로 건너가 활동하다가 1940년 이국땅에서 타계했다.

허위의 사촌인 허형, 허필 형제도 모두가 험난한 독립운동가의 인생을 살아갔다. 허형(1843~1922)도 허겸과 함께 오적암살사건에 연루되어 옥고를 치렀다. 1915년 동생 허필과 함께 가족들을 데리고 만주로 망명했다. 1920년에는 허필의 가족과 허위의 유족들을 이끌고 일제의 영향력이 거센 서간도 지역을 떠나 북만주로 이주했다. 그 역시 80세에 이국땅에서 숨을 거뒀다.

허형의 두 아들인 허발과 허규 역시 모두 독립운동에 헌신했다. 허발(1872~1955)도 만주와 국내를 오가면서 독립운동을 했다. 허발의 딸인 허은은 임시정부 국무령이었던 이상룡의 손자에게 시집을 갔다. 친가는 물론 시가까지 모두 독립운동 가문이다. 평생을 독립운동가의 여성으로 살았다. 훗날 당시의 힘들었던 생활을 구술하여 《아직도 내 귀엔 서간도 바람소리가》라는 자서전을 남겼다. 망명한 독립운동가문의 딸이자 며느리로 하루하루 어떻게 연명했는지를 알려주는 귀중한 기록이다.

허형의 작은아들 허규(1884~1957)도 왕산 허위의 의병에 참가하여 일경에 체포되어 수 개월간의 옥고를 치렀다. 3.1운동 때도 6개월간의 고초를 겪었다. 1925년에는 대한광복회 사건으로 만주로 망명했고, 김규식, 김구, 안재홍, 여운형 등과 친교가 두터웠다. 1928년 임시정부를 위해 국내에 잠입하여 자금을 모집하고 동지를 규합하다가 체포되어 또 다시 5년간의 옥고를 치렀다. 1930년대에도 세 차례나 복역했으며, 1944년에는 조선건국동맹의 지도부에 추대되었다. 일제 패망 후에는 건국준비위원회 중앙위원으로 김규식, 안재홍, 김구 등과 함께 조국의 통일을 위해 동분서주했다. 한국전쟁 이후 낙향했다가 1957년 별세했다.

허형에게는 두 아들 이외에 허길이라고 하는 딸이 있었는데, 바로 저항시인이자 독립투사였던 이육사의 어머니이다. 허위 가문에서 이육사로 혈연이 닿아 있다는 점도 독립운동 답사여행을 하게끔 하는 하나의 힘이었다. 육사도 독립투사였고 육사의 형제인 이원조, 이원기 역시 독립운동을 했다.

허필(1855~1932)은 허위의 사촌으로, 직접 독립운동에 참여한 기록은 없다. 그는 1915년 친형인 허형 가족과 함께 만주로 망명했고, 한의사로 돈을 벌어 가족을 부양했다. 그런데 그의 아들 허형식이란 존재에 나는 크게 주목했다. 허형식은 동북항일연군 제3로군 총참모장까지 역임한 독립투사로서 '만주 최후의 파르티잔'이라 부르기도 한다. 동북항일연군이 모두 소련 국경 너머로 피신했을 때에도 그는 만주에 남아 끝까지 항일무장투쟁을 벌였다. 1942년 여름 일본제국주의의 만주군과 전투를 벌이다 장렬하게 전사했다. 역사학자 장세윤은 이육사의 시 〈광야〉에 등장하는 초인의 실제 인물이 바로 육사 어머니의 사촌인 허형식이라고 설명하고 있다.

허위 가문은 독립운동가를 많이 배출했다는 점 이외에 또 하나 주목할 점이 있다. 영웅 한 사람의 거대 서사시로 끝나는 게 아니라, 시대가 변하면 그 변화에 맞춰 그 시대의 독립운동가들이 계속 이어졌다는 점이다. 이들 가문의 투쟁은 1890년대와 1900년대의 의병활동, 1910년대 만주와 소련에서의 독립운동, 1920년대 임시정부 활동, 1930년대 동북항일연군의 무장투쟁, 일제 패망 직전의 건국동맹에서 이후 건국준비위원회까지 면면히 이어졌다. 가문의 독립운동사가 곧 나라의 독립운동사라고 해도 과언이 아니다.

내 생각에 왕산 가문은 가장 위대한 독립운동 가문이지만, 오늘의 역사적 명예는 아쉬움이 크기만 하다. 독립운동 결과가 멸문은 아니었어도 현실에서는 끝도 없는 희생과 고난이었다. 허은은 그가 구술한 자서전에서 "지난 세월 한 마디로 폐일언하면 못 먹고 못 살았던 이야기뿐이라 부끄럽기만 하다. 나만 해도 이역풍상에 호번한 가정이라 학교도 안 보내주고 고추꼭지나 따고 파 다듬는 일이나 돕게 하다가 어린 나이에 시집이란 걸 보냈다. 풍진난리風塵亂離 판에 동서분간도 못하는 철부지들…… 그러니 제대로 교육받지 못한 한

이 구십 평생 가슴에 못이 되어 있지…… 다들 고국에 돌아와도 자리 잡고 정착하기가 힘들었다. 서울역에 떨어졌을 때 우리들 행색은 말이 아니었다. 외모도 초라하기 그지없었지만 마음이 더 춥고 떨렸다."고 회고했다.

지금 후손들은 남북한은 물론이요 미국, 러시아, 우크라이나, 키르키즈스탄 등 여러 나라에 흩어져 살고 있다. 조국이라도 그들의 희생을 위대한 독립운동으로 기억해주면 다행이겠으나, 그 현실은 국제 미아 가문이라고 할 지경이다. 다행히도 구미시 임은동의 왕산허위기념관에는 2000년대 들어 각국에 흩어졌던 후손들이 모여 촬영한 큼지막한 사진 한 장을 '백 년 만에 만난 사촌들'이라는 제목으로 걸어두고 있다.

구미역에서 택시를 타고 왕산허위기념관을 찾아가는데, 현지의 택시기사는 왕산 허위라는 이름 자체를 몰랐다. 왕산허위기념관이라는 목적지를 알려주는 데에도 "임금 왕! 메 산! 허문도 허! 위장 위!"라는 말도 안 되는 소리를 몇 번이나 반복해야 했다. 돌아 나오는 길에 탄 택시 기사도 별 차이는 없었다. 허위라는 이름은 교과서에서 배운다고 하지만 가문의 후손 가운데 그 누구를 기억할까. 후손 가운데 최후의 영웅이라고 할 수 있는 허형식이란 이름을 기억해주는 한국인은 몇이나 될까. 구미 선산 일대에서 가장 위대한 가문이라는 생각은 나만의 착각인 듯했다.

왕산허위기념관은 생가터(왕산허위기념공원) 근처의 야산 중턱에 깔끔하게 세워졌으나 볼품없이 높기만 한 고층 아파트들이 가로막고 있었다. 큰길에서는 아예 존재조차 알기 힘들었다. 그곳에서 직선거리로 1.5킬로미터 정도인 상모동 탁 트인 산자락에 널찍하게 자리 잡고 있는 박정희 생가와 대조적이었다. 허형식의 몸뚱이에 일본제국주의의 총탄 수십 발이 박힐 때, 일신의 출세를 위해 일본제국주의 만주군관학교에서 일본 천황에게 충성을 맹세하고 학업에 진력을 다해 우등생이 되었던 이가 바로 박정희 아닌가. 허위에서 허형식까지 허 씨 가문이 걸어온 길과 박정희가 살아온 길이 오늘 너무도 강렬하게 대조되는 것은 나만의 불편한 심사는 아닐 것이다.

한 가문이 온전히 독립운동에 투신한 예는 우당 이회영(1867~1932) 가문 또한 허위 가문에 못지 않다. 이회영은 1910년 경술국치를 당하자 그해 10월 여섯 형제와 함께 가산을 정리하여 식솔을 이끌고 만주로 망명했다. '나라가 망했는데 가문이 무슨 소용이냐'는 한 마디에 선명한 투쟁의지와 단호한 실행력이 그득 담겨 있다. 당시 처분한 재산은 지금의 가치로 6백 억 이상 1천 억 원에 이른다는 계산도 있다. 그는 만주로 건너가서 경학사를 설립해 조선인 부락을 안정시키고, 신흥강습소를 세워 독립군을 양성했다. 신흥강습소는 훗날 신흥무관학교로 확대되어 수천 명에 달하는 조선의 젊은이들을 독립운동가로 키워냈다. 밥 먹이고 공부 시키고 군사훈련에 필요한 비용 대부분을 이회영이 감당했다.

 이회영은 1920년대에는 주로 베이징에 거주하면서 아나키즘을 자신의 신념으로 굳히고 이에 기반해 독립운동을 계속했다. 그러다 1932년 만주에 거점을 확보하고자 상하이에서 다롄으로 가던 길에 일본 경찰에 체포되었고 다롄 감옥에서 고문 끝에 사망했다.

나는 이번 답사여행을 베이징에서 시작하기로 했다. 베이징은 청대에는 신사상과 신문화가 조선에 전파되는 통로였다. 일제 강점기 곧 중화민국의 베이핑^{北平} 시대에도 그랬다. 조선에서 보면 몽골과 상하이, 멀리 옌안과 충칭으로 연결되는 길목이기도 했다. 1920년대 초반에는 상해임시정부에 비판적인 인사들이 많이 모이기도 했다. 조선의 독립을 위해서는 민족유일당을 세워야 한다는 유일당 운동의 한 축도 베이징에 있었다. 조선 유학생들이 비싸지 않은 학비로 유학하는 곳도 베이징이었다. 이육사도 베이징에서 유학을 했고 《아리랑》의 김산도 이십대 초반 베이징에서 의학을 공부했다. 이육사가 일본 경찰에 끌려가 고문치사를 당한 곳 역시 베이징이다. 김원봉은 1920년대 전반 5년 여 기간 동안 베이징에 의열단 본부를 두고 수백 차례에 달하는 투쟁을 이끌었다. 독립운동 1세대인 이회영 역시 베이징에서 6년 반을 살았다.

 첫 번째 중국 답사여행은 베이징에서 이육사가 고문으로 사망

• 우당기념관 내부

한 곳과 이회영이 살던 곳을 찾아보는 것으로 정했다. 서울의 우당기념관(우당은 이회영의 호, 서울 종로구 신교동 6-22)을 찾아가니 관계자가 기꺼이 자료를 찾아주었다.

이회영은 1919년 5월부터 1925년 11월까지 베이징에서 여섯 곳을 이사 다니면서 살았다. 만주로 망명할 때 가져갔던 엄청난 가산은 바닥이 났고 국내에서 조달되는 독립자금도 끊어진 시절이다. 이회영은 3.1운동 이후 새로 펼쳐진 국내외 정세 속에 독립운동을 어떻게 전개해야 할지 고심했다. 결론은 아나키즘이었다. 신채호를 비롯하여 류자명, 이을규·이정규 형제, 정화암 등을 아나키즘의 동지로 만났다. 중국인 아나키스트 동지들도 베이징에서 만났다.

이회영은 과연 어디에서 살았을까. 우당기념관의 자료를 보니 현재의 지명으로는 다음과 같았다.

첫 번째 거주지는 충원문^{崇文门} 밖의 셋집이라고 한다. 그러나 이것만으로는 위치를 특정할 수 없어서 답사에서는 제외했다.

두 번째 거주지는 허우구러우위안 후통^{后鼓楼园胡同}이다. 그러나 베이징에 이런 지명은 없다. 원^园이 아니라 원^苑인 허우구러우위안 후통은 있다. 우당기념관의 자료는 이회영 가족과 후손들의 회고를 주요 근거로 한 것인데, 그것을 옮기는 과정에서 생긴 오기로 보였다. 이곳은 베이징의 유명 관광지인 난뤄구샹^{南锣鼓巷}과 아주 가깝다. 지금은 좁고 낡은 사합원들과 잡원들이 빽빽한 곳으로 베이징 서민들의 고단한 삶을 담고 있는 후통이다. 이회영이 살던 시대에는 일부 부자들과 서민들이 섞여 살았을 것이다.

세 번째 거주지는 얼옌징^{二眼井}이다. 얼옌징은 푸싱먼북대가^{复兴门北}

大街에 걸쳐 있던 후퉁이다. 얼옌징은 1965년 베이징의 지명을 대대적으로 조정할 때 쑹보후퉁松柏胡同으로 개칭했다. 그마저도 1990년대 재개발로 골목이 통째로 철거되고 고층 빌딩이 뒤덮은 금융가가 되었다. 옛날의 흔적은 티끌만큼도 찾아볼 수가 없다. 주소 역시 쑹보후퉁이 아닌 금융가로 바뀌었다.

네 번째는 융딩문永定门 안의 관음사후퉁观音寺胡同이다. 그러나 관음사후퉁은 조사한 바에 따르면 융딩문이 아니라 시즈문西直门 안에 있고, 현재의 지명은 둥관잉후퉁东冠英胡同이다.

다섯 번째 거주지는 샤오징창후퉁小经厂胡同으로 이 역시 난뤄구샹의 북쪽 입구 건너편으로 아주 가깝다.

여섯 번째 거주지는 마오얼후퉁帽儿胡同인데, 난뤄구샹에 서쪽으로 이어진 골목이다. 난뤄구샹을 가보았다면 누구든 마오얼 후퉁을 걸었거나 최소한 들여다보기는 했을 것이다.

일반 여행객들도 지도만 있으면 허우구러우위안后鼓楼苑, 샤오징창小经厂, 마오얼帽儿 후퉁을 쉽게 찾아갈 수 있다. 세 후퉁 모두 난뤄구샹에 이어지거나 그곳에서 아주 가깝다. 후퉁을 좋아하는 나는 이미 수십 차례 거닐었지만 다시 한 번 걸어보기로 했다. 2015

년 11월 가을비가 축축하게 내리는 오후, 이회영 거주지는 가로명만 확인했지 호수까지 확인한 상태는 아니었다. 물론 표지가 설치돼 있지도 않았다. 그저 그 골목을 걸으면서 당시의 이회영을 떠올려보고자 했다.

베이징의 후통은 바둑판처럼 정정방방^{正正方方}한 구조라서 막힌 골목이 거의 없다. 그런데 허우구러우위안 후통은 막힌 골목이다. 골목 안쪽으로는 눈이 쌓인 자동차 차창에 여자 아이가 맨손으로 눈을 헤집어 글씨를 쓰며 놀고 있었다. 골목 입구 회색 벽돌 담장에 '차로불통^{此路不通}(이 길은 막혔음)'이라는 글귀가 붉은 페인트로 써 있었다. 나는 사진기를 꺼냈다.

이회영이 스스로 걸어 들어간 인생은 막힌 골목이었다. 조선의 삼한갑족^{三韓甲族} 가문에서 출생했으니 대충 살아도 잘 살았을 신분이다. 당시 대부분의 양반 관료들은 그랬다. 나라는 자신들이 망가뜨렸으나 일제에 협조하면서 일본의 귀족 작위를 받고 잘 먹고 잘 살았다. 그러나 이회영은 달랐다. 주저하지 않고 막힌 그 길로 들어섰다. 전 재산을 처분해서 만주에 신흥강습소를 세운 것은 마치 막힌 길로 돌진하는 형국이었다.

1920년대에 그가 독립 이후의 비전으로 아나키즘을 택한 것도 차로불통으로 보였다. 아나키즘은 자본주의나 사회주의 양쪽 모두에게서 배격당하기 십상이다. 쑨원의 중국 국민당이나 마오쩌둥의 공산당은 물론 소련 볼셰비키의 지원을 받는 것도 불가능했다. 투쟁방법으로도 외교나 실력 양성이 아니라 의열투쟁을 채택하는 급진 그룹이었다. 이회영은 출신이나 나이로 보면 복벽주의자였을 법도 한데 그는 아나키즘까지 나아갔다. 조선이 대한제국으로 국호를 개칭했어도 그에게는 더 이상 되살릴 가치가 없는 폐기물이었을 뿐이다.

　　차로불통의 길을 걸어갔으나 역사는 그를 넓은 광장에 우뚝 선 당당한 존재로 기억한다. 우리 모두의 귀감이다. 그래도 소심한 나는 이회영을 생각하면서 갑갑함을 거두지 못했다. 친일파 가문과 선명하게 대비되는 후손들의 삶 때문이다. 일본 제국주의가 국권을 강탈하자 현실에 타협하고, 나아가 적극적인 친일 매국으로 돌아서서 자신은 물론 후손들에게까지 안락한 생을 보장한 친일 가문들. 그들이 잘 먹고 잘 사는 현실에 나는 질시와 분노를 금할 수가 없다. 이회영과 그의 가문이 좁은 골목의 막힌 길에서 스스로를 희생한 발자국이 갑갑하고 아픈 역사의 자취로 떠오르는 것이다.

　　이회영의 거주지, 그 가운데서도 막힌 골목을 되돌아 나오는 걸음은 쉽게 떨어지지 않았다. 그러나 또 하나의 강력한 자석이 나를 끌어당겼다. 육사陸史 이원록李源祿. 그가 베이징에서 고문치사를 당한 장소가 바로 이곳 이회영의 거주지에서 멀지 않다.

2
광야의 초인만 남은 고문치사의 현장

둥창후통 28호의
허름한 그 건물

베이징 2

曠野(遺稿)

까마득한 날에
하늘이 처음 열리고
어데 닭 우는 소리 들렷으랴

모든 山脈들이
바다를 戀慕해 휘달릴때도
참아 이곧을 犯하든 못하였으리라

끈임없는 光陰을
부지런한 季節이 피여선 지고
큰 江물이 비로소 길을 열엇다

지금 눈 나리고
梅花香氣 홀로 아득하니
내 여기 가난한 노래의 씨를 뿌려라

다시 千古의 뒤에
白馬타고 오는 超人이 있어
이 曠野에서 목노아 부르게 하리라

家兄이 四十一歲를 一期로 北京獄舍에서 永眠하니 이 두編의 詩는 未發表의 遺稿가 되고 말엇다. 이 詩의 工○은 내가 말할 바 아니고 내 혼자 남모르는 至寬極痛을 품을 따름이다.
一九四五年十一月十八日
舍弟 源朝放漏 謹記

백마 타고 오는 초인과
육사 이원록

왼쪽의 시 〈광야〉는 해방 후인 1945년 12월 17일자 《자유신문》에 〈꽃〉과 함께 처음 실린 육사의 유작이다. 세로쓰기만 가로쓰기로 바꾸고 발표 당시의 지면 그대로 옮겨왔다. 작품 아래에는 이육사의 친동생인 이원조가 '눈물을 뿌리며 썼다'는 짤막한 후기도 덧붙어 있다.

시 〈광야〉와 저항시인 육사 이원록(1904~1944)을 모르는 한국인은 없다. 광야라는 제목에 이어 광음, 매화, 산맥, 백마 등의 시어가 거친 움직임으로 다가와 '초인'에 이르러서는 숨이 멎을 것만 같다. 초인은 시어로서는 육사의 전유물이라 할 만하다. 나는 이 시를 중학교 때 국어 교과서에서 처음 읽고 배웠다. 시험에도 빠지지 않고 지문으로 등장했다.

그때의 내게 문학이란, 피천득의 〈인연〉에 등장하는 청순한 아사꼬, 김영랑의 '돌담에 속삭이는 햇발'과 같은 반짝이는 시어들이었다. 그런 단어들이 풋내 나는 내 감성을 채워주었다. 그러다 어느 날 맞닥뜨린 〈광야〉는 내가 그때까지 전혀 겪어보지 못했던 세계였다. 〈광야〉는 일단 묵직했다. 거칠지만 아름답고, 황량하지만 찬란했다. 서부영화나 로마신화에나 등장하는 줄 알았던 백마가 우리 역사 속에서 신묘한 형상으로 다가오는 느낌이었다. 초인은 고대의 동굴에서 미래의 하늘로 달려가는 환상으로 울려왔다. 동화와는 달랐다. 하느님이나 신보다 훨씬 강렬한 현실의 존재로 나를 깨우고는, 하늘로 돌아가는 듯했다. 이런 느낌은 청소년기 내내 지속됐다. 〈광야〉를 알면서 나는 국어 교과서를 좋아하게 됐다.

그러나 대학에 들어간 후 광야의 초인은 점차 거북해져갔다. 광야와 초인과 육사는 그대로였지만 내 인식이 변했다. 초인이 실제 왔었던가, 초인을 기다리기만 할 것인가, 백마를 실제 본 적이 있는가, 우리나라에서 지평선을 볼 수 있는 곳은 김제 평야가 유일한데 그렇다고 그곳이 광야일 수는 없지 않는가, 만주가 광야라고 해도 그곳은 우리 땅이 아니잖은가? 목 놓아 울기보다 총을 들고 싸웠어야 하지 않는가?

폐병에 걸린 무기력한 지식인이 떠올랐다. 이런 인식으로 인해 나는 우리 현대사와 적당한 거리를 두고 외면하면서 살았다. 현명하지 못했지만 부인할 수 없는 사실이다. 대학을 졸업한 뒤로는 훨씬 더 길고 넓고 무거운 일상이 세월을 덮었다. 육사도 함께 덮여 그저 추억으로만 어딘가에 놓여 있었다.

그렇게 지내던 몇 년 전, 지인의 느닷없는 댓글을 계기로 중국 섬서성 옌안의 뤄자핑罗家平에서 연안파의 흔적을 찾아보았고 육사의 시 '광야'에 나오는 초인의 실제 모델에 관한 이야기도 듣게 되었음은 앞에서 밝힌 바와 같다. 육사의 초인 이야기는 특히나 나를 강하게 추동했다.

지인의 말에 따르면 초인의 실제 모델은 육사의 외당숙 허형식. 어머니 허길의 사촌동생이다. 허형식은 1930년대 결성된 조선인 독립투사와 중국공산당이 합작한 동북항일연군의 핵심 간부였다. 동북항일연군은 상당한 전과를 올리기도 했지만 일본군과 만주국군의 잔혹한 공세에 밀려 1940년 가을부터 소련 땅으로 피신하게 된다. 피신한 인물 가운데에는 김책, 김일성, 최용건도 있었다. 그러나 허형식은 끝까지 북만주에 남아 투쟁했다. 그러다 불행하게도 1942년 8월 3일 일제의 포위망에 갇혀 치열한 전투 끝에 전사했다. 사람들은 그를 일러 만주 최후의 파르티잔이라고 불렀다.

나는 이야기를 듣고 돌아와서 관련 자료를 찾기 시작했다. 출판계의 한 지인은 박도라는 작가가 쓴 《들꽃》이란 실록소설(2016년 11월 《허형식 장군》이란 제목의 단행본으로 출간되었다)이 있다고 알려주었다. 신문에 연재된 것이라 쉽게 검색해냈다. 《이육사 평전》(김희곤 안동대학교 사학과 교수 지음, 2010년 출간)도 읽어 보았다. 그런데 고구마 줄기 같았다. 육사에 다가서니 김원봉이 등장했다. 육사는 김원봉이 중국 난징에 설립한 조선혁명군사정치간부학교 1기생이었다. 허형식을 더듬어가니 박정희도 등장했다. 허형식은 경북 구미 임은동에서 태어났고, 임은동의 철길 건너편 상모동에서 박정희가 태어났다. 허형식이 1942년까지 하얼빈 인근의 북만주에서 일본 제국주의와 게릴라전으로 사투를 벌이고 있을 때, 먼저 소련으로 피신했던 동북항일연군은 88여단으로 재편되었다. 그때 1영장이 김일성이고 3영장이 허형식이었다. 물론 허형식은 소련으로 피신하지 않고 끝까지 투쟁하다가 전사했다. 내가 어렴풋이 알고 있는 인물들이 서로 얽히고설킨 것이 마치 거미줄과 같았다. 이렇게 해서 시작된 독립운동 답사여행은 '육사에서 허형식까지'와 다를 바 없게 되었다.

2015년 11월 초 나는 베이징에서 육사가 순국한 곳을 찾아 나섰다. 《이육사 평전》에는 육사가 고문으로 순국한 곳이 베이징의 어디인지 상세하게 설명되어 있다. 현 주소로 보면 베이징 둥청구东城区 둥창후퉁东厂胡同 28호에 있는 2층 건물의 지하다. 둥창후퉁은 지하철 1호선 왕푸징역王府井站에서 북쪽으로 1.5킬로미터 정도 거리. 왕푸징 보행가를 관통하고도 더 걸어가야 한다. 베이징은 골목마다 거리 표지판이 잘 되어 있어서 지도만으로도 찾기가 쉽다. 왕푸징대가王府井大街를 따라 걷다 보니 좌측 대로변에 서커보위안社科博源이란 8층 호텔 앞에 둥창후퉁이라는 가로 표지가 나타났다.

둥창후퉁으로 들어서서 100미터 정도 걸어가니 오른쪽에 둥창후퉁 1호가 보인다. 1호에는 중국사회과학원 소속의 근대사연구소와 세계역사연구소가 있다. 경비원이 정문을 지키고 있었다. 비가 추적추적 내리는 날이라 경비실 처마 밑에서 잠시 비를 피하며 경비원에게 말을 건넸다. 한국의 독립운동가 한 사람이 둥창후퉁 28호에서 죽었다고 하는데 그 위치를 아는지 물었다. 간결한 대답이 시원하게 돌아왔다. 후퉁 안쪽으로 조금만 더 들어가면 왼쪽에 28

호가 있는데 28호의 가운데 건물이라는 것이다. 지난해에도 한국인 수십 명이 단체로 찾아왔고 기념사진도 찍었다고 알려주었다. 쉽게 찾은 것이다.

28호에 다가서니 문루 상단에 둥창후퉁 28호라는 빨간 주소판이 보였다. 찬찬히 들러보면서 안으로 들어갔다. 28호는 건물 한 채가 아니었다. 2층 벽돌 건물이 한 동이 있고 사방으로 단층과 이층의 벽돌집들이 둘러싼 구조였다. 워낙 낡고 지저분해서 귀신이라도 나올 것만 같은 분위기였다. 자세히 둘러보니 일부에는 아직 사람이 살고 있었다. 중앙 건물의 쇠락한 현관문에는 '28호 주민 여러분'으로 시작하는 공지문이 붙어 있었다. 공중변소가 너무나 비위생적이니 청결을 위해 한 달에 3위안씩 걷는다는 내용이다. 조심스럽게 건물 안으로 들어갔다. 일층에 버려진 물건들이 어지럽게 쌓여 있고, 화장실 문도 열려 있었다. 지하로 내려가 보고 싶었지만 계단실 입구에 잡물들이 쌓여 있어 통행이 불가능했다. 아마 일부러 막은 것 같았다.

이런 주택을 대잡원大雜院이라 한다. 예전에는 재력 있는 사람의 저택이었을 것이다. 대잡원은 지금도 베이징에서 종종 볼 수 있는 독특한 주거 형태다. 베이징은 1949년 중화인민공화국이 선포되자 대륙의 천년 수도로 복귀하면서 인구가 폭발했다. 주택이 심각하게 부족했다. 어쩔 수 없이 큰 집 하나를 여러 가구가 나눠 쓰는 일이 많아졌다. 방은 나눠 사용하지만 주방이 부족해서 통로에 개수대를 설치하는 경우가 많았다. 대문과 화장실과 마당은 공동으로 사용했다. 그래도 방이 부족하면 담장에 조그만 벽돌 방을 붙여 짓거나 마당에 작은 방을 새로 들이곤 했다. 그러면 마당은 없

어지고 방과 방 사이는 좁은 미로가 되었다. 이런 대잡원들이 베이징의 20세기 후반 50년을 견뎌온 서민들의 주택이었다. 그러나 중국의 경제발전이 가속화하면서 도시개발이 급속하게 추진됐다. 벌집 같은 낡은 대잡원이 철거되고 고층빌딩이나 현대식 아파트가 순식간에 들어서곤 한다.

육사가 순국한 곳은 아직 철거되지 않은 낡은 대잡원 그대로였다. 몇 번이나 일층의 내부를 돌아보았다. 사는 사람에게 이것저것 물어보고 싶었지만 한 사람도 마주치지 못했다. 대부분은 이주했고 일부가 남아 있는 철거 대상인 듯했다. 일 년 후인 2016년 11월에 다시 한 번 이곳을 찾았다. 혹시라도 철거됐으면 어떡하나 하는 심정이었으나 다행히 그대로 있었다. 낡고 지저분하게 쓰레기와 잡동사니가 널려 있는 것도 그대로였다. 다행히 이번에는 주민을 만날 수 있었다. 가운데 2층 벽돌집이 일제의 감옥이었고, 28호 문루 바로 안에 있는 2층은 사무실이었다는 설명도 해주었다.

육사 이원록은 이곳에서 1944년 1월 16일 새벽에 숨을 거뒀다. 아니 숨이 끊겼다, 고문치사였다. 김희곤은 육사의 시신을 인수한 이병희의 증언과 이곳에서 심문을 당했던 베이징 현지인의 증언과 각종 자료를 조사하여, 이곳에 일제의 감옥이 있었고 이곳에서 이육사가 고문치사를 당한 것으로 결론 내렸다.

둥창이란 이곳의 지명 자체가 본디 음습한 죽음을 연상케 한다. 둥창후퉁은 명나라 시대에 동창東廠이 있던 곳이다. 명 태조 주원장은 군신들의 반란을 우려해서 환관을 중심으로 사찰기관을 만들었다. 3대 황제인 영락제는 이를 확대 개편하여 동창이라고 명명했다. 등골 서늘한 감시와 사찰의 시대였던 것이다. 동창은 비밀경찰 조직으로 악명이 대단했다. 걸리면 죽음이랄까, 어둠의 역사를 품고 있는 곳이다. 이후 청조는 동창을 폐지했다. 일제는 1926년에 이곳 건물들을 사들였고, 1945년 패망할 때까지 대 중국 문화침략 전담기구인 '동방문화사업위원회'를 이곳에 두었다. 위원회 사무실 이외에 일부는 감옥으로 활용했다.

나는 육사의 죽음 앞에서 발걸음이 더뎌졌다. 늦가을의 축축한 비를 허술한 우산으로 가리고 잡초 무성한 마당에서 서성거렸다. 육사는 경성에서 일본 헌병대에 잡힌 뒤 이곳 베이징으로 끌려왔다. 육사가 잡혀온 직접적인 이유는 아직도 밝혀지지 않았지만 우리는 단순하게 추론할 수 있다. 일제 강점기에도 그랬고, 일제의 경찰 제도와 관습, 인력까지 그대로 이어 받은 해방 후 독재시대에도 마찬가지였다. 경찰이나 헌병대에 끌려갔으나 법정에 서기도 전에 절명한 이유는 간단하다. 실토하지 않아서이다. 그들이 요구하는 정보를 내놓지 않으니 털어놓을 때까지 무자비하게 고문을 가하는 게 정해진 수순이다. 잔혹하게 짓밟힌 끝에 동지들을 팔거나 아니면 처참하게 죽어갔다. 불지 않고 견디면 '고문강자'라 했다. 고문강자로 살아남는 사람은 극소수였다. 전두환 정권 시절 박종철이 고문치사를 당한 것도 동료들의 정보를 내놓지 않았기 때문이다. 말만 하면 고문을 면할 뿐 아니라 국회의원도 하는 우리 현대사인데, 박종철도 육사도 그러지 않아 죽은 것이다.

이런 폭압기구인 경찰이나 헌병대에 걸리면 혐의가 무엇이든 예외 없이 고문과 특무^{特務} 과정을 거치게 된다. 네가 알고 있는 모든 것을 실토하고 동지를 팔아라 그리고 전향하라. 일차적으로는 체포 혐의에 대한 자백은 물론 다른 동지들을 추가로 체포할 수 있도록 자술하고, 최종적으로는 더 이상 활동하지 않겠노라고 공개적으로 전향을 선언하라는 것이다. 한 사람을 체포하면 고구마 줄기처럼 여러 조직원을 체포하고, 동지를 제보했다는 사실을 전향이란 이름으로 공개함으로써 다른 동지들이 그를 기피하게 하는, 인간의 양심을 짓밟는 만행이다. 다시 조직으로 돌아갈 수도 없게 된다. 한번 걸려들면 조직이 와해되기 일쑤고 일반 대중에 대한 선전효과까지 톡톡히 거두었다. 이게 중국 국민당이나 일본 제국주의, 우리의 독재체제에서 일상으로 일어났던 일들이다.

그러니 육사의 죽음을 단순 옥사라고 하면 옳지 않다. 고문치사인 것이다. 육사가 그저 시인이었다면 고문치사에 이를 이유가 없다. 작가라는 이유로 고문치사를 당하는 경우는 드물다. 시인이기 이전에 조선인이 고문치사를 당했다면 그 이유는 일본 제국주의에 대항한 독립운동이란 죄뿐이다. 육사가 무엇을 실토하지 않았는지는 확실치 않다. 그러나 육사의 그간의 행적을 보면 이 또한 어느 정도는 추정할 수 있다.

육사 이원록은 1904년 출생했고 1924년 20세에 1년 정도 일본에 유학했다. 귀국 후 대구에서 사회활동을 했고, 1926년 베이징에 유학하여 7개월 정도 중국대학中国大学에서 공부를 했다. 1927년 '장진홍 의거'에 연루돼 체포되었으나 증거불충분으로 풀려났다. 26세 되던 1930년에 처음으로 시를 발표하고, 기자 생활을 시작했으나 경찰서에 들락날락하는 일들이 잦아졌다.

• 불국사에서 찍은 형제 사진. 왼쪽 끝이 맏형 원기이고, 오른쪽 앞에 앉아 있는 사람이 육사이다.

1931년 3개월 동안 만주를 다녀왔다. 허은(육사의 외사촌)의 회고에 따르면 육사의 외삼촌인 허규가 독립운동 자금을 운반하는 데 동행한 것으로 보인다. 이 무렵 육사는 외당숙인 허형식의 활약상을 들었을 것이다. 허형식은 1930년 초 공산당에 입당했고 그해 5월 1일 노동절 투쟁의 일환으로 조선인 청년 40여 명을 이끌고 하얼빈 주재 일본 총영사관을 맨손으로 습격하는 큰 사건을 일으켰다. 그 이후 허형식은 북만주 지역에서 명성이 자자해졌고 일본과 무장투쟁에서 상당한 전적을 쌓아가고 있었다.

　육사는 1932년 베이징과 텐진을 거쳐 다시 난징으로 갔다. 난징에서 김원봉의 조선혁명군사정치간부학교에 1기로 입학하여 군사교육을 받았다. 그가 난징 군정학교에 입교하게 된 것은 윤세주의 권고에 따른 것이다. 윤세주는 김원봉의 고향 마을 앞뒷집에서 자란 고향의 동생이었다. 김원봉과 함께 1919년 의열단을 창단했으나 국내로 폭탄을 반입하다가 적발되어 옥고를 치렀다. 1930년대 난징의 김원봉과 다시 합류하여 함께 민족혁명당을 창당하고 조선의용대를 창설했다. 윤세주를 조선의용대의 영혼이라 부르는 학자도 있다.

　육사는 군정학교 졸업 후 국내에서 독립운동을 하기로 하고 귀국했다. 1933년에는 경성과 상하이 등을 오가며 '레닌주의 철학의 임무' 등의 시사 평문을 썼다. 1934년에는 난징 군정학교를 졸업한 사실이 발각되어 구속되기도 했다. 그 이후 1942년까지 건강이 나빠져 요양하는 일이 잦았다. 폐병이었다. 이 시기에 편집 일을 하기도 했고, 여러 편의 시를 발표함으로써 시사에서 문학으로 영역을 넓혔다.

육사는 1943년 4월 태평양전쟁으로 인한 전시동원 체제란 엄중한 상황에서 베이징으로 건너갔다. 충칭으로 가서 어느 요인을 모시고 옌안으로 갔다가 귀국할 때에는 무기를 반입할 계획을 세웠다고 한다. 그러나 1943년 늦가을 모친의 제사에 참석하려고 귀국했다가 경성에서 체포되어 베이징으로 압송되었고, 고문 끝에 숨을 거두고 말았다.

김원봉이 설립한 군정학교를 졸업했다는 점이 특히나 의외였다. 시인으로만 알았던 육사가 사격술까지 뛰어났다니. 그는 문약한 시인이 아니었다. 그의 평문은 사회를 매섭고 냉철하게 분석했고, 그의 손은 일본을 향해 즉시 방아쇠를 당길 수 있는 투사였던 것이다.

육사의 1943년 베이징 행은 죽음을 각오한 결단이었다. 당시의 엄혹한 환경을 보면 알 수 있다. 일본 제국주의는 이미 태평양 전쟁을 일으켰고 식민지 조선에 대한 수탈의 고삐를 바짝 죄었다. 모든 조선인들에게 황국의 신민이 되라고 몰아세우던 시기였다. 문단도 예외가 없었다. 저명한 문인들은 극소수를 제외하고는 일제의 꼭두각시가 되어 전국을 순회하며 학병 지원을 선동했다. 지금 돌아보아도 참으로 치욕스러운 시기였다.

시인 서정주는 〈반도학도 특별지원병에게〉라는 헌시를 지어 바치고, '징병 적령기 아들을 둔 조선의 어머니에게' 아들을 지원병으로 빨리 내보내라고 외치던 시대였다. 주요한은 '천황폐하 만세를 목청껏 부르고, 대륙의 풀밭에 피를 뿌리고 너보다 앞서서 나는 간다.'면서 젊은이들에게 지원병 참전을 독촉하고 다녔다. 소설가 이무영은 '대동아전쟁은 10억 유색 인종이 한 덩치가 되어 단

란하게 살자는 것'이라고 일제의 파시스트 전쟁을 찬양하고 다녔다. 목이 길어서 슬픈 사슴을 노래하던 시인 노천명은 '님의 부르심을 받들고서…… 남아라면 군복에 총을 메고 나라 위해 전장에 나감이 소원이리니'라고 읊조리면서 미문美文으로 젊은이들을 전장으로 떠밀었다.

  육사는 이런 격랑에 쓸려가지 않고 거꾸로 항일투쟁의 최전선인 중국 대륙 한복판으로 나섰다. 폐병이란 그의 건강문제도 있었지만 베이징 행만으로도 목숨을 건 결단이었다. 육사는 베이징에서 충칭과 옌안을 오가는 계획을 갖고 있었다. 당시 충칭에는 김구의 임시정부가 있었고 김원봉도 임시정부에 가세하고 있었다. 옌안에는 김두봉의 조선독립동맹과 조선의용군이 있었다. 이들은 일본제국주의가 전쟁을 확대할수록 패망이 가까워진다고 판단하고 구체적으로 독립을 예상하고 준비하던 시기였다. 육사가 고문을 당해 죽음에 이르면서도 불지 않은 것은 국내와 충칭과 옌안의 독립운동을 연계하는 무엇이 아니었을까.

  그런 한편으로 육사의 정치적 이념 역시 새롭게 음미하게 된다. 그는 사회주의자 내지는 공산주의자였다. 육사가 조선이나 중국의 공산당에 가입한 당원은 아니었지만, 그의 친동생 이원조는 해방 후 조선문학가동맹을 조직하여 초대 서기장을 지냈다. 그는 1947년 월북했고, 1953년 북한에서 박헌영 그룹이 김일성 일파에게 숙청당할 때 함께 체포되어 투옥됐다. 원조와 원록은 특히나 친밀한 형제였으니 육사 살아생전에도 뭔가 연계가 있었을지 모른다.

  육사의 이념 성향은 1931년 김원봉과 관련한 발언과 그 시기에 국내에서 발표한 평론 등에서 뚜렷하게 나타난다. 육사는 자신이 입교한 군정학교의 창설자이자 교장인 김원봉에 대해서도 비판적이었다. 김원봉은 중국 국민당의 지원을 받음으로써 '중국 부르주아 계급과 야합'하고 있고 '사상이 애매하고 비계급적'이라는 것이었다. 또한 코민테른의 일국일당주의를 위반하여 '조선인이 중국에서 조선의 혁명사업을 한다는 것은 그 사람의 혁명적 정조를 의심하지 않을 수 없는 일이다'고 비판했다.

중국 국민당과 연계에 대해 당시 조선의 젊은 세대는 비판적이었다. 무엇보다도 장제스를 중심으로 한 권력층의 부패가 결정적이었다. 장제스가 일본 제국주의의 침략에 대해 적극 항전이 아니라 소극적 타협으로 물러나고, 오히려 공산당 때려잡기에만 몰두하는 것이 비판의 핵심이었다. 장제스가 부르주와 계급과 야합하는 것도 마땅치 않은데 항일에 적극적이지 않으니 궁극적으로 조선의 독립에 도움이 되지 않을 것이란 우려였다. 장제스가 1927년 쿠데타를 일으켜 진보 인사와 공산당원을 무차별로 학살했던 전력 역시 장제스를 경계하는 이유였을 것이다.

일국일당주의는 육사가 이념적으로는 공산주의자였음을 말해주는 것이다. 육사의 시대에 세계 각국의 공산주의 운동은 모스크바의 코민테른이 통할하는 체제였다. 코민테른의 결정 사항은 각국의 공산당 지휘부에 명령으로 하달되었다. 코민테른의 일국일당 원칙은 중국에는 중국공산당 하나만 있어야 하고 조선 공산당은 조선에 있어야 한다는 것이다. 따라서 조선인이 독립운동을 한다고 해도 중국에서 활동을 한다면 중국공산당에 가입하여 중국의 공산혁명에 참여해야 했다. 그것이 궁극적으로 조선의 독립과 혁명에 이르는 세계혁명의 길이란 것이다. 이로 인해 만주에서는 1930년부터 조선인 공산주의자들이 중국공산당에 가입해서 공동으로 항일 무장투쟁을 전개했다. 육사는 이런 원칙에 입각해 김원봉을 비판한 것이다. 그의 비판대로라면 육사는 국내에서 공산당 또는 공산당 재건모임에 연계되었을 것이라 추정할 수도 있지만 실제 그랬다는 증거는 없는 것 같다.

육사가 1933년 국내에서 발표한 '자연과학과 유물변증법'이란 평문도 그의 이념 성향을 잘 보여준다. 이 글은 난징의 군정학교에 입교하기 전에 투고한 것으로 육사가 난징에 있을 때 발표한 것이다. 다시 말하면 난징에 가기 전에 육사는 이미 공산주의의 철학과 정치이념에 상당히 심취했던 것으로 보인다.

우리가 국어 교과서를 통해 배운 그의 시 〈광야〉를 두고 공산주의자의 시가 수록됐다는 논란이 없었던 것을 보면 좀 의아스럽기도 하다. 일제 패망 이후 70년 넘게 속으로는 권력과 이권을 탐하면서 명분으로는 반공과 반북, 친북과 종북, 주의와 파벌을 내세워 정치적 난도질을 해왔던 대한민국이다. 이런 대한민국도 시인 이육사가 공산주의자일 가능성에 대해서는 모른 체하는 것 같다. 그가 공산주의자였다는 점이 알려지기 전에 그의 시가 먼저 전 국민에게 사랑받고 추앙받는 시가 되었기 때문일까. 육사의 독립운동과 사상편력은 1990년대에 이르러서야 일본의 경찰기록과 만주의 항일역사 연구 성과에 접근하면서 구체적으로 규명되기 시작했으니 그럴 만도 하다.

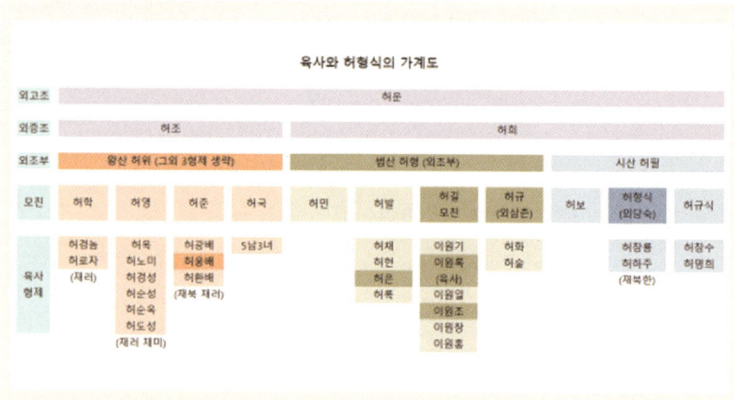

▣ 가계도 설명

- 왕산 허위는 의병장으로 국사 교과서에서 배우는 이름이다. 신설동역 오거리에서 시조사 삼거리까지 3.2km의 길이 왕산로인데 허위의 호를 따온 것이다.
- 허은은 육사의 외사촌이고, 대한민국 임시정부 국무령을 지낸 이상룡의 손자인 이대용(이명 이병화, 건국훈장 독립장)의 부인이다. 그가 구술한 회고록 《아직도 내 귀엔 서간도의 바람소리가》(기록 변창애, 1995년 정우사 출간)는 만주로 망명한 독립투사 가족들의 실생활이 어떠했는지를 실감나게 전해주는 귀한 자료다.
- 허형식에 관한 연구는 장세윤 동북아역사재단 연구위원이 잘 알려져 있다. 이 연구를 기반으로 하여 《실록소설 허형식 장군》(박도 지음)이 2017년 출간되어 있다.
- 왕산 허위의 손자인 허웅배(1928~1997)는 1951년 북한이 국비로 소련에 보낸 유학생이다. 그는 김일성 개인숭배에 반대하여 1958년 다른 유학생 7명과 함께 북한 국적을 버리고 소련으로 망명을 해서 북한에 충격을 주기도 했다. 《김일성 정전正傳》을 저술했고 러시아에서 생활하다가 그곳에서 생을 마쳤다.

육사는 외가의 독립운동 내력도 상세히 알고 있었을 것이다. 육사의 외가는 의병장 허위와 허형(이육사의 외조부)은 물론 그 후손들 대부분이 만주로 망명하여 독립운동에 직간접으로 투신했다.

허은의 회고에 따르면 육사는 외삼촌 허규의 영향을 많이 받았다고 한다. 외삼촌 허규(1884~1957)도 독립운동가였다. 그는 왕산 허위의 의병투쟁에 형제들과 함께 가담하여 왜경에 체포되어 옥고를 치렀다. 1915년 광복단 사건으로 수사선상에 오르자 만주로 망명을 했다. 3.1운동 때에도 6개월간 형을 받았다. 1928년 상하이 임시정부의 지령에 따라 국내에 잠입했다가 체포되어 또 다시 5년 여의 옥고를 치렀다. 일제 강점기 동안 20년 가까이 감옥생활을 했던 인물이다.

어머니의 사촌동생이지만 육사보다 5세 연하인 허형식이란 존재도 육사에게는 큰 영향을 주었을 것이다. 육사가 숨이 끊길 때 허형식은 이미 순국했다는 사실을 알고 있었을까? 그가 〈광야〉의 시어 한 자 한 자를 숨 죽여 눌러 쓸 때, 백마를 즐겨 탔다던 허형식은 살아 있었을까, 아니면 이미 죽은 다음이었을까.

육사가 고문치사를 당한 둥창후퉁 28호에서 다시 〈광야〉를 읽는다. 그의 시는 독립운동에 관한 강고한 다짐이다. 초인은 허형식이나 허규, 또는 자신이 이루고 싶었던 해방의 깃발이었을 것이다. 이는 투쟁을 포기한 자의 한탄이 아니며 투쟁에 지친 피로감이나 무력감에서 나온 도피도 아니다. 실패와 도전을 끊임없이 반복하면서도 두 눈을 부릅뜨고 해방이란 목표에 집중하는 강력한 의지의 표현이다. 육사의 〈광야〉에 대한 내 젊은 날의 소심한 외면이 베이징의 어느 허름한 건물 앞에서 웅장한 영웅의 노래로 되살아났다.

진정한 초인으로 그가 내게 다시 나타난 것이다.

둥창후퉁을 돌아 나오는데, 간과할 수 없는 또 하나의 순국이 떠올랐다. 육사가 순국하기 전 해에 바로 이곳에서 이원대(1911~1943 건국훈장 독립장)가 순국했다. 육사는 김원봉의 조선혁명군사정치간부학교를 졸업한 뒤 귀국했다. 이때 졸업생들에게는 난징의 군정학교에 입교할 젊은 인재들을 찾는 임무가 모두 주어졌다. 육사는 청년기에 다녔던 경북 영천의 백학학원 후배 이원대와 이진영(1907~1950 건국훈장 독립장)에게 입교를 권했다. 두 사람은 부산에서 상하이로 가는 우편선을 이용하여 상하이를 거쳐 난징으로 갔고 간부학교 2기생으로서 입교했다.

이원대는 군정학교 졸업 후 중국 국민당 군대에 배속되어 지하활동을 하다가 일본군에 체포되었다. 베이징 둥창후퉁으로 압송된 뒤 이곳에서 모진 고문 끝에 결국 총살로 생을 마감했다.

그 뒤의 이야기도 비극이다. 이원대와 함께 지하활동을 하던 조선의용군 전우들은 훗날 옌안을 거쳐 북한으로 들어갔고 한국전쟁에서 북한 인민군의 핵심 간부들이 되었다. 이진영은 임시정부 광복군으로 활동하다가 귀국 후에 남한 국방경비대 장교가 되었다. 그러나 애석하게도 이진영은 한국전쟁 당시 화순에서 인민군과 전투 중에 전사하고 말았다. 화순전투를 벌였던 인민군들은 적군 지휘관이 자신들의 옛 전우의 절친한 고향친구이자 조선혁명의 동지였다는 사실을 알았을까? 한국 현대사 특히 한국전쟁에서 숱하게 마주치는 비극적인 장면의 하나다.

베이징에서 이회영과 육사를 만나고 귀국하는 길에 생각이 많아졌다. 육사도 대부분의 조선 젊은이들과 마찬가지로 사회주의와 공산주의로 기울었다. 그런데 독립운동사를 다룬 저술들에서 등장하는 '민족주의'는 무엇인가. 독립운동사에서 민족주의 진영과 사회주의 진영으로 대별하는 기준은 무엇인가.

민족주의를 기준으로 분류하자면 그것과 같은 층위의 다른 주의로 분류하는 것이 온당하다. 그렇다면 민족주의 진영 대 국제주의 진영 정도가 합리적인 분류이다. 사회주의를 한 축으로 택하면 자본주의 대 사회주의이다. 제국주의에 대한 저항의 의미라면 저항적 민족주의 대 약육강식의 제국주의라고 해야 하지 않을까?

내 짧은 지식으로 곱씹어보면 민족주의는 체계를 갖춘 철학과 사상 또는 정치적 이념이라기보다는 '민족을 우선하는 태도'라고 두루뭉술하게 설명하는 것이 적절해 보인다. 일본 제국주의가 침략해왔고 국권은 침탈당했고 나라는 극심한 고통에 빠졌다. 그에 대한 강력한 반작용으로 우리 민족이라는 정체성이 강렬하게 세워졌다. 우리는 너희와 다른 혈통이고, 우리는 우리의 나라를 세워야 한다는 것, 그 위에 우리는 너희보다 역사도 유구하고 문화도 우수하다, 이런 태도와 지향과 관념 등을 한데 묶어 압축한 것이 민족주의 아니겠는가.

그러나 민족주의는 자칫 논리적 혼돈에 빠지기 쉽다. 당장 민족주의를 일본에 적용했을 때 기묘해진다. 일본은 자국의 민족주의를 내세워 조선을 침략한 것이 아닌가? 민족주의는 피식민지에서는 저항의 무기이지만 제국주의 국가에는 식민지를 더욱 압박하는 무기가 된다. 독일과 일본의 팽창적 국수주의도 민족주의의 다른 이름이다. 미국의 아메리카니즘도 다를 게 없다.

일제 강점기 후반의 황국신민화 정책에 봉사했던 친일파의 사상적 저류가 바로 이런 퇴행적 민족주의의 또 다른 모습이다. 친일파들은 처음부터 친일파도 있지만, 일제 강점기 초기에는 민족주의 노선을 걷다가 변절해버린 인물들이 많다. 민족주의는 이렇듯 약육강식에 따른 강자독식의 도구로 전락하기 쉽다.

민족주의가 어떻든 우리가 일제에 항거해서 독립을 쟁취했다고 하자. 그 이후에 큰 과제가 남는다. 독립을 했으니 새로 세울 나라가 '우리 민족의 나라'임은 당연한데, 그 나라는 도대체 어떤 나라인가? 이씨 왕실이 다스리는 조선인가, 이씨 황제가 다스리는 대한제국인가? 백성을 버린 임금과 양반 관료들을 다시 상전으로 모시겠다는 복벽주의는 3.1운동 당시에 이미 완벽하게 폐기됐다. 임시정부는 출발부터 '제국에서 민국으로' 넘어갔음을 선포했다. 그러므로 독립 이후에 어떤 사회 체제 어떤 국가를 만들 것인가는 더욱 중대한 과제였다. 사회주의, 공산주의가 아니라면 자본주의다. 자본주의를 선택한다면, 일본이 그랬듯이 우리도 서구 자본주의를 빨리 배워 제국주의가 되고, 식민지를 새로 개척하든 일본을 식민지로 삼든 '우리도 한번 잘 먹고 잘 살아보세'인가. 그게 아니면 미국식 자유주의를 따라간다고? 이 역시 어불성설이다. 일본에 비해 미국을 선호하는 것은 일본에 이미 쌓인 민족 감정 때문에 그럴 수도 있겠지만, 본질적으로는 미국이나 일본이나 근본은 다를 바 없는 팽창적 자본주의일 뿐이다.

사회주의와 공산주의에도 민족주의적 태도가 상당했다. 공산주의는 민족보다 계급을 우선하고, 민족보다 계급의 연대를 중시하는 국제주의가 강했다. 그럼에도 불구하고 혁명의 단계적 발전을 위해 민족해방을 선결과제로 내세우기까지 했다. 마르크스와 엥겔

스의 구호가 '만국의 노동자여 단결하라'였지만 코민테른이 표방한 구호는 '만국의 노동자와 피억압민족은 단결하라'였다. 민족주의와 가장 거리가 멀어 보이는 무정부주의도 마찬가지이다. 무정부주의의 이상으로 다가가는 단계의 하나로 민족해방을 선택했다.

우리 독립운동에서 민족주의는 대부분 종교 배경이 강했다는 점도 특이하다. 천도교, 대종교와 같이 태생이 우리 민족인 경우는 예외로 하자. 기독교는 우리 전통과는 전혀 무관한 외래종교이고 교리 상으로도 유일신 체계이지만, 실제로는 조선인의 민족주의를 고양시켰다. 3.1운동에서 민족대표를 자임한 사람들이 모두 종교계 지도자란 것도 주목하게 된다. 다른 나라도 마찬가지이다. 인도에서는 힌두교가, 서아시아와 중앙아시아, 북아프리카에서는 이슬람이 민족주의를 구성하는 요소였다.

독립운동을 논하면서 민족주의 진영과 사회주의 진영이란 구도로 이해하는 것이 가능하기는 하지만, 논리적으로 따지자면 자본주의 진영 대 사회주의 진영이란 구분이 적정한 게 아닌가. 물론 스스로를 어떻게 칭하는가도 중요하다는 면에서 민족주의 진영이란 말을 사용할 수 있다. 그러나 그것은 자본주의 진영이란 본질을 슬쩍 가리는 다소 기만적인 용어라는 게 답사여행 내내 머릿속에 맴돌았다.

이제 우리 독립운동에서 사회주의와 공산주의를 담지 못하고, 민족주의라는 모호한 말로 묘사하는 대한민국 임시정부를 찾아갈 차례이다. 오늘의 대한민국은 누가 뭐래도 헌법상 임시정부의 법통을 이은 국가 아닌가. 나는 다시 간단한 배낭을 꾸려 상하이로 향했다.

대한민국은 현행 헌법에서 '3.1운동으로 건립된 대한민국 임시정부의 법통과 불의에 항거한 4·19 민주이념을 계승'한다고 선언하고 있다. 법통은 물론, 대한민국이란 국호도, 공화라는 국체도 임시정부의 것을 그대로 받아왔다. 심지어 초대 대통령까지도 이어받았다.

임시정부는 해방의 순간까지 조선인 또는 한민족이 일본 제국주의의 식민지배에 강력하게 항거했다는 징표의 하나였고 국제사회에서 독립의 당위성을 주장하는 실체적 근거의 하나였다. 임시정부를 이어받은 대한민국은 조선 후기와 그 이후 백오십 년 이상 계속된 국정파탄을 극복하고 기적의 성장과 눈부신 발전을 통째로 보여주는 보기 드문 사례이다. 그럼에도 불구하고 임시정부는 동전의 양면과 같은 점을 안고 있다. 임시정부는 독립운동에서 하나의 굵은 줄기였지만 민족의 다수를 끌어안지는 못했다. 대한민국은 아직 두 동강 난 민족의 반 토막이고 동족상잔 전쟁의 공포에서 벗어나지 못하고 있다. 임정과 대한민국이 공유한 '초대 대통령'에서도 그늘이 짙게 드러난다. 임시정부는 초대 대통령을 탄핵해서 쫓아냈고, 대한민국은 시민들이 피를 흘리고서야 초대 대통령을 하야시킬 수 있었다.

이러한 양면은 독립운동에서 그 연원을 찾을 수 있다. 한 사람 한 사람이 나라 잃은 망국노였고, 뭉쳐서도 망명정부를 벗어날 수 없었던 중국 대륙에 남겨진 그 흔적들을 찾아 상하이로 간다.

임시정부라고 하면 사람들은 상하이에 간 한국인 누구나 찾는, 마당로^{马当路} 302~4호의 그 임시정부를 떠올릴 테지만 내게 그곳은 두 번째다. 첫 번째는 당연히 1919년 임시정부가 최초로 세워졌던 바로 그 자리이다.

3
제국에서 민국으로

살아서는 돌아오지 않는다

상하이 1

임시정부와 윤봉길

상하이 지하철 1호선 황피난루역^{黃陂南路站} 2번 출구 바로 앞, 화이허중로^{淮海中路}와 마당로가 교차하는 사거리의 동남쪽 코너에 루이안플라자^{瑞安广场}라는 고층 빌딩이 있다. 루이안플라자의 앞마당, 건물 현관과 인도 사이에 있는 호젓하게 넓은 경관용 공간. 대한민국 최초의 임시정부가 이 자리에 있던 건물에 있었다. 루이안플라자에는 'RUI AN PLAZA'가 아니라 'SHUI ON PLAZA'라고 돼 있다. 방언으로 표기해서 그렇다. 루이안플라자가 접해 있는 마당로를 따라 남쪽으로 600미터쯤 걸어가면 한국인 누구나 찾아가는 그 임시정부다.

1919년 4월 13일 상해임시정부를 선포하고 며칠 후 건물을 빌려 자리 잡은 곳이 바로 이곳이다. 아무 표지도 없는 이곳에 발길이 닿자 걸음을 멈췄다. 그러나 다소 황망했다. 시선을 줄 곳이 없었다. 텅 빈 공간에서 시선을 추스르는 데 잠깐의 시간이 걸렸다. 마음을 가라앉히고 눈길을 이리저리 돌리니 건물 경비원이 의심스러운 눈초리를 던지기도 한다. 독립운동사를 찾아 여행하면 가끔 시선을 고정시키지 못한 채 산만해지곤 한다. 이게 우리의 현대사다.

당시 임시정부의 풍모는 어땠을까. 안타깝게도 그 당시의 건물 사진은 한 장뿐이다. 임시정부는 그 다음 달 이곳에서 멀지 않은 곳으로 이전했다. 상하이에서만 모두 여섯 차례나 옮겨 다녀 일곱 곳의 임시정부 소재지를 남겼다. 상하이를 떠나기 전 마지막으로 있던 곳이 바로 마당로의 그 임시정부 기념관 자리이다.

1919년 9월 《상해일일신문》이란 일본 신문의 일본인 기자가 임시정부를 직접 방문 취재하여 보도했는데 이를 독립신문이 전재한 기사(1919 .9. 30)가 있다. 이 기사를 통해 루이안 플라자의 그 건물은 아니지만, 1919년 5월에 옮겨간 두 번째 임시정부가 어땠는지를 머릿속에 그려볼 수 있다. 키 큰 나무들, 붉은 터번의 인도 시크인 경비원, 정돈된 내부, 기염을 토하면서 설명하는 조선 민족주의 등을 통해 1919년 가을의 임시정부를 상상할 수 있다. 전형적인 라오상하이老上海의 풍취가 느껴진다.

당당한 집, 엄중한 경계, 정숙한 내부상태

한국독립 가정부假政府(임시정부)가 프랑스 조계에 있다고 들었으나 한 번도 가서 본 일이 없었다. 어떤 곳인지 모르고 위험한 곳이라는 소문만 들었었다. 그러나 조선독립당으로 흉도악한의 집합체는 아닐 것이라 생각하고 방문했다. 의외로 큼직한 건물이 울창한 수목으로 가려져 있어, 형용하여 말하자면 일국의 영사관 같다. 정원은 넓고 온실화원까지 있다. 문을 지키는 인도인(당시 상하이에는 붉은 터번을 머리에 두룬 인도의 시크인들이 경찰보조나 경비원 등으로 일하는 경우가 많았다)과 교섭하여 몇 사람 양복 입은 청년들이 응답했으나 수십 분이 지나도 도저히 목적을 달성치 못할 것 같았다. 장시간 교섭에 겨우 얼굴이 희고 수염이 없는 청년이 접견하는데 최 씨라고 하면서 시간이 없다고 하여 내일을 약속하고 돌아 나왔다. 첫날은 문 안으로 서너 걸음 들어간 것이다.

다음날도 문 앞에서 여러 번 거절을 당했으나 최종에 최 씨와 면회를 하게 되었다. 그가 민족주의를 열정적으로 설파하는 것을 들으면서 관찰하니 내부의 질서는 무던히 정돈된 듯하다. 최 씨는 독립운동의 근거가 심고함과 각자의 기관이 완비함을 역설하고 정부의 기초가 나날이 견고해지고 있다고 말하였으나 따로 들은 바가 있기로 내가 관찰한 바는 나중에 쓰기로 한다.

임시정부는 3.1운동의 민족 독립의지가 모여서 세워졌다. 3.1운동은 망국 십년 만에 일본 제국주의에 대한 누적된 분노가 폭발한 대중운동이다. 손병희가 천도교 조직과 자금을 바탕으로 탄탄하게 기획해서 준비한 대중적인 항일운동이었다. 당시 국제정세는 급변하고 있었다. 1911년 중국에선 신해혁명이 일어나 청조는 사라졌고 1912년 중화민국이 탄생했다. 1917년 러시아에서는 볼셰비키 혁명이 일어나 전 세계를 충격에 빠뜨렸다. 1918년 미국의 윌슨 대통령은 민족자결주의를 선언했다. 독일 제정은 몰락했고 제1차 세계대전이 종전됐다.

외부적으로는 윌슨의 민족자결주의도 큰 모티브가 됐다. 민족자결주의는 전승국의 기만적인 정치 수사에 지나지 않았지만, 1918년 1월 처음 발표됐을 당시에는 세계 곳곳의 약소민족들을 크게 고무시켰다. 조선의 독립운동가들은 27개 전승국이 전후 처리를 위해 1919년 1월부터 파리에서 시작한 일련의 국제회의, 소위 파리강화회의에 참석해서 민족자결주의에 의거해 조선의 독립을 호소하기로 했다. 3.1 만세시위를 통해 국제사회에 거족적인 독립 의지를 강력하게 내보이려고 한 것이다.

3.1운동은 천도교가 중심이 되어 기독교, 불교 등 종교계 조직을 통해 준비됐다. 종교 지도자들이 민족대표 33인으로 이름을 올렸고 조선의 문장가 최남선이 독립선언문을 작성했다. 종교조직과 학교 등 여러 경로를 통해 시위 계획이 전파됐고 시위물품이 제작됐다. 그러나 3월 1일 정오 탑골공원에는 민족대표가 나타나지 않았다. 민족대표들은 폭력시위를 우려하여 종로의 한 식당에 모여 자기들끼리 선언식을 갖고 일본 경찰을 불러 자수했다. 침략에 항거하는 민족의 대표라고 하기에는 아쉬움이 컸다. 물론 전략적으로 이런 방식을 선택했고 그것이 오히려 유효했다는 주장도 있다.

아무튼 시위는 불발에 그칠 뻔했다. 오후 2시 많은 학생들이 이미 탑골공원에 모여들었다. 시위 계획을 전달받고 황해도에서 상경한 서른세 살의 정재용 역시 탑골공원에서 무엇인가가 시작되기를 기다렸다. 그는 시위의 방아쇠를 당기기로 예정된 사람이 아니었다. 적막만이 흐르고 있었다. 결국 정재용은 터질 것 같은 가슴을 억누르며 스스로 나섰고 품안의 독립선언서를 꺼내 떨리는 목소리로 제목부터 큰 소리로 읽어나갔다.

1919년 3월 20일 경운궁(덕수궁) 대한문 앞 만세 시위 군중

"조선 독립 선언…… 오등은 자에 아 조선인의……"

학생들의 시선은 그의 입으로 전부 모아졌고, 낭독이 끝나는 순간 함성이 터져 나왔다!

"대한독립 만세!!!"

이렇게 해서 아슬아슬하게 방아쇠가 당겨졌다. 시위는 폭발했고, 3월 1일 서울을 비롯한 주요 도시에서 만세시위가 일어났다. 3월 중순에는 전국 소도시로 확산되고 농촌과 산골까지 퍼져갔다. 시위가 조직화하고 확산되었다. 3월 하순부터 4월로 넘어가면서는 일본 경찰의 폭력진압에 맞서는 공세적 시위가 크게 증가했다. 아울러 노동자대회가 시위로 연결되고 파업으로 퍼지면서 시위의 성격이 '대중에서 민중으로' 질적 변화를 보였다. 만세시위는 4월 10일을 전후로 정점을 이루고 이후 점차 수그러들면서도 5월말까지 계속 됐다.

만세시위는 삼천리 방방곡곡을 넘어 해외로까지 퍼져나갔다. 압록강 너머의 서간도, 두만강 너머의 북간도에서도 시위가 벌어졌다. 러시아 연해주의 블라디보스토크도 마찬가지였다. 미주에서도 결의안을 채택하고 포고문을 발표했다. 시위 뉴스는 더 널리 퍼져 나갔고 세계를 놀라게 했다. 조선인이 살아 있다는 것을 일깨워주었다. 그러나 지휘부가 없었다. 모든 것은 산발적이었다. 당연히 지휘부 곧 임시정부를 구성하자는 주장이 국내의 시위 현장과 국외의 운동가들 사이에 쏟아져 나왔다.

시위에 뿌려진 수많은 전단 속에 다섯 개의 임시정부 수립 방안이 제시됐다. 주요 인사의 이름까지 거론되었으나 공통점은 모두가 공화제였다는 점이다. 대한제국의 부활 곧 복벽주의가 아니었다. 서거한 고종에 대한 애석함은 있었지만 순종이나 왕실에 대한 기대는 없었다. 조선왕조 내지 대한제국은 이미 정치적으로 폐기된 것이었다.

1919년 3월 17일 러시아 연해주에서 20여 만 명의 조선인을 배경으로 대한국민의회가 만들어졌다. 상하이는 당시 동아시아 최대의 국제도시였다. 1910년대 독립운동가들이 이미 상하이로 많이 몰려들었다. 이곳에서도 임시정부 수립운동이 달아올랐다. 국내와 만주, 일본, 러시아 등지의 운동가들이 상하이로 모였다. 1919년 4월 11일 각 지역의 대표들로 구성한 임시의정회(의회)가 만들어졌다. 국호를 대한민국으로 하고 대한민국 임시헌장을 선포함으로써 임시정부의 골격을 갖춰나가기 시작했다. 9월 11일에는 대한민국 임시헌법을 공포했다.

한편으로는 상해임시정부에 앞서 만들어진 연해주의 대한국민의회와 통합작업이 병행되었다. 그러나 통합과정은 매끄럽지 못했다. 양측이 합의하여 임시의정원과 대한국민의회를 각각 해산하고 통합하기로 했는데 상하이 측이 합의에서 어긋나갔다. 이로 인해 이미 해산을 결의했던 대한국민의회가 연해주에 다시 세워짐으로써 두 임시정부의 완전통합은 실패했다. 다만 연해주 측 핵심인사였던 이동휘가 1919년 11월 상해임시정부의 군무총리에 취임함으로써 통합의 모습은 어느 정도 갖추었다. 그러나 임시정부의 대표성을 극대화하는 데에는 작지 않은 흠결이 생긴 것이다.

백지상태에서 각지에서 각각 활동하고 있던 다양한 성향의 운동가와 명망가들을 결집하여 임시정부를 수립한다는 것은 결코 쉬운 일이 아니다. 이런 어려움을 감안한다면 상해임시정부는 조선인 다수의 독립의지를 망라했다고 할 수 있다. 3.1운동은 8,000~9,000명의 투옥, 800~1,600명의 부상과 350~630명의 피살이라는 엄청난 희생을 치른 대가로 상해임시정부를 낳은 셈이다. 대가 없이 이루어지는 것은 없다. 임시정부는 조선인들이 엄청난 피를 흘린 대가로 세운 것이다.

그러나 지금 그곳에는 자그마한 표지 하나도 없다. 중국인들이야 남의 나라의 옛 이야기일 뿐이니 관심을 가질 리 없다. 우리 정부도 마당로의 임시정부가 있으니 이곳까지 손길이 닿지는 않았던 모양이다. 중심가 치고는 널찍한 공간이어서 잠시나마 머뭇거릴 수 있으니 그나마 다행이라고 해야 할까.

루이안플라자에서 마당로의 임시정부 기념관으로 가는 길은 고작 600미터 정도. 걸어서 15분이다. 왕복 2차선의 이면도로를 따라 횡단보도 네 개만 건너면 된다. 그러나 역사 속에서 이 거리를 옮겨가는 과정, 즉 1919년부터 1926년 12월까지 임시정부의 부침은 안타까운 여정이다. 임시정부는 뚜렷한 성과를 내지 못하고 내부 갈등과 부실한 조직으로 위축되고 쇠락했다. 임시정부 주류가 공들여 추진했던 외교교섭은 모두 실패했고, 명망가들은 분열했다. 머리는 컸지만 혼돈에 빠졌고 발을 땅바닥에 밀착하지 못했다. 몸뚱이가 공중에 슬쩍 들려진 꼴이었다.

임시헌법부터 그랬다. 임시의정원이 만든 임시헌법은 체계를 잘 갖추고 있었지만 당장의 독립운동 전략에 대해서는 아무런 언급도 없이 공허했다. 투쟁방안은 다양하게 제시됐으나 통합을 이루지 못하고 논쟁만 거듭했다. 이승만 등은 대미 외교에 치중하려 했고, 만주와 연해주 출신 운동가들은 무장투쟁을 주장했다. 안창호

는 모호한 실력양성론이었다. 기호파, 서북파, 미국파 등등 지역 갈등도 가미됐다. 자금 문제도 갈등을 증폭시켰다.

무엇보다도 임시정부 주류가 가장 중요하게 추진했던 외교교섭이 모두 실패했다. 윌슨의 민족자결주의에 걸었던 희망은 물거품이었다. 파리강화회의는 전승국의 논공행상 파티였는데 그곳에 끼어들어 전승국 일본으로부터 독립을 도모해보겠다는 것은 애당초 허망한 꿈이었다. 민족자결주의는 승전국이 패전국의 식민지를 나눠 먹자는 것이다. 승전국 일본의 식민지인 조선을 해방하자는 안은 전혀 거론되지 않았다. 외교는 정의의 토론장이 아니다. 싸늘한 현실을 등에 지고 강자들이 벌이는 화려한 가면무도회이다.

외교론과 정반대의 발상을 했던 김원봉을 떠올리게 된다. 당시 20대 초반의 김원봉은 "민족의 사활이 걸린 큰 문제를 외국인에게 호소하여 그들의 결정을 기다린다는 것은 할 일이 아니다. 열국이 무엇 때문에 우호국과 원수를 맺으면서까지 약소민족을 위해 싸워 줄 것인가"라고 말했다. 김원봉은 파리강화회의에 사람을 보냈다. 파리강화회의 현장에서 일본 대표를 보란 듯이 처단하여 만방에 대한의 독립을 주장하겠다는 것이었다. 뜻을 같이 하던 김철성에게 권총과 실탄을 주어 파리로 보냈으나 실패했다. 누군가 김철성의 행장에서 권총과 실탄을 빼돌렸던 것이다.

그 다음해에 이어진 태평양회의를 목표로 한 외교활동도 아무런 성과 없이 실패했다. 임시대통령 이승만에 대한 비판이 고조됐다. 이승만이 미국에 '국제연맹의 위임을 받아 조선을 통치해 달라'는 소위 위임통치를 청원했던 사실이 드러나면서 강력한 비난이 쏟아졌다. 이승만의 청원은 조선은 스스로의 힘으로는 독립할 수 없다는 자폭

선언과도 같은 것이었다. 1943년 12월 2차 세계대전의 종전 처리를 준비하는 카이로회담에서 미국이 한국에 대한 40년간의 신탁통치를 주장했으니, 결국 20여 년 전에 했던 이승만의 청원을 대조선 외교정책으로 채택한 것이라고 해도 할 말이 없는 꼴이 되고 말았다.

임시정부는 재정과 조직에서도 실패했다. 1920년 임시정부는 교통국을 설치하고 비밀 행정조직 연통제를 통해 국내와 만주의 조선인들과 연결하려 했다. 연통제는 임시정부가 독립운동을 실행하는 중요한 몸체였으며 자금줄이 될 수 있었다. 그러나 1921년 들어서면서 교통국 조직이 일제의 검거로 무너졌다. 임시정부는 조선의 인민들과는 괴리된 채 물 떠난 물고기 신세가 되고 말았다. 중점을 두었던 외교 성과는 없고 대중조직에도 실패했으니 불안정할 수밖에 없었다.

1923년 4월 이승만 탄핵안이 임시의정원에 제출됐고, 1924년 9월에는 '대통령 유고'가 결정됐다. 임시의정원은 12월 박은식을 대통령 대리로 추대했고, 다음해 3월 이승만을 탄핵 면직했다. 이승만은 이에 반발해서 미주 동포로부터 거둬들인 독립운동 자금을 임시정부에 넘기지 않고 자신의 대통령 행세에 사용했다. 임시정부의 자금난은 더욱 심해졌다.

만주의 무장투쟁 역시 빛나는 승전 뒤에 거센 후폭풍을 맞았다. 만주의 독립군들은 통일된 체계를 갖추지는 못했지만 1920년 6월 봉오동 전투와 10월의 청산리 전투에서 빛나는 승리를 거두었다. 이 두 번의 승전은 일본은 물론 중국에도 큰 충격이었다. 청일전쟁과 러일전쟁에 이어 제1차 세계대전까지 연전연승을 구가하던 일본 정규군을 상대로 민병대 수준의 조선 독립군이 승전을 거둔 것이다.

승리가 안겨준 자긍심은 하늘을 찔렀지만 그 보복으로 선혈이

낭자했다. 일본은 군대를 증파하여 대대적인 군사작전을 전개하는 한편, 독립군이 뿌리를 내리고 있는 간도 지역의 조선인 부락을 무차별적으로 초토화하는 경신참변을 일으켰다. 3,600여 명이 피살되고 상당수의 가옥이 불탔다. 독립군은 소련 땅 연해주로 밀려갔다. 약소민족을 지원한다는 레닌의 정책을 믿은 것이다. 그러나 조선의 독립군을 받아주면 대일 선전포고로 간주하겠다는 일본의 강력한 반발에 소련은 독립군의 무장을 해제하려 했다. 독립군은 이에 반발했고 결국 소련군의 공격을 받아 수많은 독립투사들이 허무하게 학살당했다. 가슴 아픈 망국의 참변이다. 이념은 그 나라 집권층의 권력과 국익을 넘어서지 못하는 게 엄연한 현실이다.

임시정부 외부에서 임시정부와 이승만을 비판하는 세력은 베이징에 많았다. 1920년 베이징에서 임정 비판세력들이 군사통일회의를 열었다. 이 자리에서 제기된 주요한 비판은 "위임통치를 주장한 이승만을 유임시켜 민족의 체면을 손상한 점, 사당私黨을 불식하지 않아 민심을 분열케 한 점, 임시의정원이 널리 국내외 동포의 의사를 구하지 않고 극소수의 사람만으로 대표를 구성한 점, 위임통치를 주장한 이승만과 이를 인지한 안창호를 각기 국무총리와 내무총장으로 임명한 점, 대한국민의회와 사기 교섭을 한 점 등을 들어 임시의정원을 불승인한다."는 것이다.

1921년 상하이의 주요 운동가들은 국민대표회의를 소집하자고 제창했다. 베이징의 임정비판 세력들이 동조했고, 만주의 독립운동 단체들도 이승만 퇴진과 임정의 개혁을 요구했다. 1923년 1월 지역대표와 단체대표로 인정된 130여 명이 상하이에 모여 국민대표회의를 개최했다. 독립운동 사상 가장 큰 규모의 회의가 4개월 정도 지속됐다.

참석자들은 임시정부를 새로 만들자는 창조파와 개혁하자는 개조파로 나뉘었다. 두 주장이 맞서다가 개조파가 대회에서 탈퇴하는 바람에 반쪽이 됐다. 창조파 80여 명이 남아 새 임시정부로서 조선공화국을 블라디보스토크에 세우기로 결의했다. 이들은 새로운 임시정부를 세우려고 1923년 8월 블라디보스토크로 갔다. 그러나 그 다음해 2월 소련이 이들에 대해 국외 퇴거를 요구하면서 조선공화국 수립 자체가 무산됐다. 국민대표회의도 아무런 결실을 맺지 못하고 말았던 것이다.

임시정부는 이제 내분과 논쟁 속에 간판만 남았다. 더구나 1925년 박은식이 사망한 이후 일 년 가까이는 정부 수반인 국무령도 공석이고 내각도 구성하지 못한 채 정치적 빈혈에 휘청거렸다. 1926년 12월, 김구가 국무령 직을 수락하면서 그나마 새로운 길을 모색하기 시작했다.

1926년부터 임시정부가 있었던 곳이 한국인 누구나가 찾아가는 마당로의 임시정부 자리이다. 상하이 도심의 신톈디新天地 근처 푸칭리普庆里 골목 안에 있다. 연립주택 세 채를 묶어서 복원했다. 정확하게 말하면, 상하이시 루완구卢湾区 인민정부가 1990년 루완구의 보호문물로 지정한 '대한민국 임시정부 구지旧址'이다. 1932년 4월 29일 윤봉길의 훙커우공원 의거가 성공한 뒤 그 후폭풍으로 항저우로 피신할 때까지 임시정부는 이곳에 있었다.

형형한 눈빛으로 권총과 폭탄을 만지작거리며, 국제사회를 향해 카랑카랑한 목소리를 내려고 작은 성명서 한 쪽도 한 자 한 자 꾹꾹 눌러쓰던 곳이다. 투쟁의 결기를 세웠으나 하루 세끼는 궁핍에서 벗어나지 못했다. 명칭은 대한민국이었으나 실체는 크게 위축되어 있었다. 그래도 강고한 의지로 고난을 견뎌내던 곳이다. 내부에 전시된 김구의 흉상을 보면 그의 결기가 한눈에 들어온다. 간판만 남다시피 한 임시정부를 끌어안고 일제가 패망하는 그날까지 버텨온 태산 같은 고집이 그대로 전해져 온다.

김구가 정치적 빈혈에 허덕이던 임시정부를 살리기 위해 세운 출구전략은 의열투쟁이다. 임시정부는 김구의 책임 아래 1931년 비밀결사 한인애국단을 만들었다. 일본 제국주의 요인을 암살하거나 주요 시설을 폭파하는 것이 임무였다. 임시정부는 1920년대 전반에는 김원봉의 의열단의 투쟁방식을 비판하고 부정했었다. 1922년 3월 의열단이 상하이 와이탄에서 일본 육군대장 다나카를 암살하려다 실패한 사건이 있었을 때 임시정부는 사건에 개입하지 않았다고 발표하면서, 의열단과 같은 과격주의로는 독립을 달성할 수 없다고 비판했다. 이로 인해 많은 독립운동가들이 임시정부에 비난을 쏟아 냈다. 그랬던 임시정부가 10년 후에 의열투쟁을 도입한 것이다.

임시정부 의열투쟁의 가장 극적인 성과는 1932년 4월 29일 윤봉길의 훙커우공원 의거다. 일본군은 1932년 1월 상하이사변을 일으켜 상하이에 진주했고, 일왕의 생일에 맞춰 전승축하 행사를 훙커우공원에서 거행했다. 이 행사장에 잠입한 윤봉길은 단상을 향해 폭탄을 투척했다. 폭탄은 강도 일본의 상하이 수뇌부 앞에서 폭발했다. 조선과 중국 침략에 앞장서온 군부와 정관계 핵심 인물 다수를 살상했다. 일본은 경악했다. 조선인들은 살아 있는 항일투쟁에 환호했다. 중국은 조선의 강력한 항일 투쟁에 놀랐고, 세계는 조선이 살아 있음을 다시 인식했다. 특히 중화민국의 장제스를 격동시켜 그때부터 임시정부를 지원하기 시작했다. 윤봉길이 임시정부를 회생시킨 것이다.

"저는 이제부터 가슴에 한 점 번민이 없어지고 마음이 편안해집니다.
준비해 주십시오" (의거를 결심하고 윤봉길 의사가 김구에게 한 말 - 백범일지에서)

1932년 4월 26일 한인애국단에 입단하고, 27일 촬영한 김구와 윤봉길 의사.

윤봉길 의사가 쓴 한인애국단 입단 선서문.

한인애국단에 입단하고 폭탄과 권총을 들고 있는 윤봉길 의사.

그러나 그 후폭풍은 거셌다. 김구를 포함한 임시정부 요인들은 전부 잠적하거나 다른 지역으로 피신해야 했다. 임시정부는 상하이를 떠나 항저우^{杭州}, 첸장^{钱江}, 창사^{长沙}, 광저우^{广州}, 류저우^{柳州}, 치장^{綦江}을 거쳐 1940년 충칭^{重庆}에 자리 잡을 때까지, 장제스의 지원을 받기는 했지만 유랑과 다름없는 고난을 감수해야 했다.

임시정부를 되살려낸 윤봉길은 상하이 루쉰공원^{鲁迅公园}(옛 훙커우공원)에서 만날 수 있다. 루쉰공원 안에 입장료를 따로 내고 들어가는 매원^{梅園}의 매헌^{梅軒}이 바로 윤봉길 생애사적 진열관이다. 윤봉길의 생애와 거사의 앞뒤를 설명하는 자료들이 깔끔하게 전시돼 있다. 그의 전기를 입체적으로 읽는 듯하다. 서울 양재동 시민의 숲에도 윤봉길 동상과 매헌기념관이 있다.

장제스의 윤봉길 찬사는 대단했다. 그가 "중국의 백만 대군이 해내지 못한 일을 조선의 한 청년이 해냈다"고 격찬한 일화는 잘 알려져 있다. 그뿐만이 아니다. 1969년에는 윤봉길 의사를 기리는 헌시를 써서 윤봉길기념사업회에 보내기도 했다.

> 別順逆 辨是非 순리와 역리를 분별하고 옳고 그름을 판별하였고
> 明大義 知生死 대의를 밝히고 생사의 도를 깨달았구나.
> 留正氣 在天地之間 하늘과 땅 사이에 정의의 기개를 남겼으며
> 取義成仁 永垂不朽 의를 취하여 인을 이루니 영원할 것이라.
> (번역 홍승직)

윤봉길 기념관에서 내 머릿속에 진하게 남겨진 한 마디는 '장부출가

생불환生不還'. 장부는 집을 떠나면 살아서 돌아오지 않는다, 그가 집을 떠나면서 남긴 말이다. 그는 집을 떠나 남의 나라 땅에서 거사를 일으켰고, 일본의 사형장에서 죽었고, 해방된 뒤에야 유골함에 실려 돌아왔다. 그가 던지는 메시지는 장중하고 묵직하다. 나 같은 소심한 생활인은 그것을 읽는 것조차 버겁다. 매원을 돌아 나오면서 되물어본다. 나는 과연 내가 사는 나라의 독립을 위해 죽음으로 끝날 일에 나설 수 있을까. 목숨은커녕 재산의 일부, 아니 후원금 계좌에 매달 몇 만원씩이라도 자동이체를 할 수는 있을까.

또 한 가지 소회가 나를 불러 세웠다. 윤봉길이 폭탄을 던지던 당시 그는 25세였고 의거를 총괄한 김구는 57세였다. 세상을 경악하게 했고, 잊혔던 임시정부를 국제사회에 되살려낸 콤비가 25-57 조합이다. 이런 나이 조합이 새삼 오늘의 대한민국을 되돌아보게 한다. 21세기 대한민국은 25세란 나이를 어떻게 대하고 있을까. 가정에서는 하나밖에 없는 귀한 자식이라고 새장에 가두고 있는 것은 아닌가. 기성세대가 만든 틀을 조금만 벗어나려 하면 아직 어리다며 훈계로 억누르고 있지는 않은가. 그들에게 어떤 기회도 내주지 않으면서 '요즘 젊은 것들' 타령을 하고는 있지 않은가. 기성세대는 장수를 누리면서 25세 세대에게는 취업은커녕 발언기회조차 주지 않는 건 아닐까? 시험에 시험을 부과하여 끊임없이 낙오자를 추려내고, 눈치에 눈치를 보지 않으면 눈길조차 주지 않으면서 고사케 하고 있는 건 아닌가.

중년 세대도 마찬가지이다. 60대 70대가 나라의 최고 자리를 전부 장악하고는 40대나 50대에게 밀어줄 생각은 전혀 없는 것 같다. 아무리 노령화 사회라지만 지난 정부에서 국가의 핵심 자리는

60대 심지어 70대 노년층이 전부 차지했었다. 스스로는 백세시대 칠십청춘을 구가하고 있지만 나라는 칠십망국으로 노쇠해지던 현실은 무언가 크게 잘못된 것이다. 어찌하다가 비서실장까지 죄다 70대 노인들이 교대로 꿰찼던 것인지.

새로운 대통령이 선출되면서 이런 분위기는 바뀌고 있다. 윤봉길-김구 당시와 지금을 무조건 동일시할 수도 없지만 어느 시대 어느 사회든 기성세대의 자기중심적 발상만으로는 역사 발전을 지속하기 어렵다. 청년과 장년의 에너지가 우리 사회를 끌어가도록 그들에게 기회를 터주고 노년은 청년과 중장년층이 하지 못하는 일들을 찾아서 해야 한다.

상하이의 유서 깊은 공원 한복판에 있는 윤봉길 전시관에서 한중 관계를 되돌아본다. 윤봉길 의거는 장제스 시대에 장제스 관할지역에서 일어났고, 이를 계기로 중화민국은 임시정부를 지원하기 시작했다. 지금의 윤봉길 기념관은 마오쩌둥의 신중국이 배려한 것이다. 마오쩌둥의 공산당 역시 타이항산 지역에서 팔로군이 조선의용군과 합동작전을 펼쳤다. 만주에서는 동북항일연군 등을

통해 조선인과 함께 항일투쟁을 전개했다.

장제스의 중국이든 마오쩌둥의 중국이든, 중국이 우리 독립운동의 실질적 동맹이란 역사 사실을 말해주는 데에는 조금도 부족함이 없다. 명시적인 국제조약은 없었지만 실질 관계로 보면 임시정부의 동맹은 이승만이 매달리던 미국이 아니라 중국이었다. 미국은 카스라-태프트 밀약으로 아무 권리도 없이 조선을 일본에 넘겼고, 그 이후 단 한 번도 조선의 독립에 동의하지 않았다. 1948년 모스크바 3상회의에서도 끝까지 장기 신탁통치를 주장했었다.

상하이에서 서남 110여 킬로미터 떨어진 자싱시^{嘉兴市}의 김구 피난처 두 곳 역시 우리 독립운동의 진정한 동맹이 누구였는지를 한눈에 되돌아볼 수 있는 곳이다. 한 곳은 자싱시 중심부의 메이완가^{梅湾街}에 있는 고풍스러운 맛이 나는 옛 거리이다. 깔끔하게 잘 복원되어 있고 여행객들이 많이 찾는 곳이다. 이곳의 남쪽에 접해 있는 시난호^{西南湖}의 호숫가에는 김구 피난처가 있다. 메이완가 안내판에 김구 피난처가 표시돼 있어서 찾기도 쉽다. 관리인이 상주하는데 2층의 김구 침실까지 둘러볼 수 있다.

김구를 피신시킨 사람은 국민당 원로이자 상하이 항일구원회 회장인 추푸청褚輔成이다. 당시 일제는 상하이사변에서 승리하여 그 지역에서 상당한 영향력을 행사하고 있었으니 훙커우 사건의 책임자를 숨겨준다는 것은 대단히 위험한 일이었다. 그는 김구를 수륜사라는 공장에 피신시켰다가 동탑사를 거쳐 이곳으로 옮기게 했다.

김구가 피신한 집은 추푸청의 수양아들인 천퉁성陳桐生의 2층 집이다. 김구는 2층 침실에 기거했다. 침실에는 1층 현관을 내다볼 수 있는 조그만 창을 냈다. 1층 복도로 내려가 바로 쪽배를 타고 나갈 수 있는 비상구를 만들고 비상용 사다리도 비치해 두었다. 평상시에도 처녀 뱃사공 주아이바오朱愛寶가 젓는 놀잇배를 타고 호수 위에서 하루를 보낼 때가 많았다. 주아이바오는 5년 여나 부부로 위장하여 김구를 보살폈다.

1932년 여름 자싱역에 일본의 밀정들이 나타나기 시작했다. 일본 경찰이 김구의 종적을 탐지한 것이다. 위험이 다가오자 추푸청은 김구를 자싱의 남부 하이옌현海盐县에 있는 차이칭 별장載靑別墅으로 옮기게 했다. 그곳은 추푸청 큰아들의 처가 곧 사돈의 별장이었다. 이곳 역시 김구 피난처라는 이름으로 보존돼 있다. 차이칭별장은 메이완가에서 남쪽으로 35킬로미터 정도 떨어져 있다. 하이옌의 난베이호南北湖의 호숫가에 있다. 난베이호는 산과 강과 호수가 어우러진 관광지이다.

우리 정부는 1996년 추푸청에게 건국훈장 독립장을 추서하고 가족들에게 훈장을 전달했다. 독립운동의 동맹에 대한 뒤늦은 감사의 표시였다.

4
상하이에 명멸했던 투사들

자유를 위해서라면
내 그대마저
바치리

상하이 2

최후의 분대장 김학철

의열단과 사회주의

상하이는 20세기 전반 우리가 일제 강점 하에 신음을 토해낼 때 동아시아에서 가장 뜨거운 용광로였다. 1843년 아편전쟁에서 패배하고는 서구 열강에게 강제로 개항된 상하이, 서구 제국주의 열강들에게는 군함을 앞세워 자본과 탐욕을 쏟아 부은 항아리였다. 중국인들에게는 전통시대를 내던지고 신문물을 찾아가는 대양으로의 도피구였다. 개항 당시 20만이었던 인구는 19세기 말에 50만을 넘어섰고, 1920년대에는 300만을 돌파해 대상하이^{大上海}라는 말이 통용될 정도였다.

엄연한 중국 영토지만 치외법권이란 깃발을 꽂은 조계지^{租界地}가 유리알처럼 박혀 있는 기묘한 다국적 도시. 서양과 일본의 민간회사와 그들을 위해 일하는 중국인 매판들, 세계 각국에서 몰려든

여행객이 넘쳐났다. 아편에서 영화까지, 경극에서 발레까지, 치파오에서 영국 신사복까지 서양과 일본의 문물들이 쏟아져 들어와 뒤섞였다.

정치적으로도 용광로였다. 아나키즘에서 자유주의, 사회주의, 공산주의까지. 파시즘의 민족주의에서 식민지의 저항적 민족주의까지, 이념과 사상과 주의가 끓어올랐다. 다른 국기를 앞세운 군대와 헌병과 경찰, 조선의 밀정과 독립운동가들이 한데 섞여 음험하고 긴박하게 돌아가는 제5전선이었다.

사람들도 그랬다. 중국인 인력거꾼에서 세관원까지, 미국 외교관에서 일본 경찰까지, 영국 무역상에서 장쭤성의 거상까지, 인도 시크인 경비원에서 볼셰비키 혁명에 떠밀려온 유태인 난민까지. 고려인삼이나 아편을 파는 상인, 일제에 저항하는 망명객, 그들을 잡아 일본에 넘기려는 밀정까지, 조선인들도 많았다.

조선인 망명객 가운데는 노신사도 있었고 중년의 사내도 있었고 스물이 채 안된 애송이들도 있었다. 그 가운데 독립운동에 투신하겠다는 순진한 일념으로 임시정부를 찾아 상하이라는 거대한 용광로로 뛰어든 한 독립운동가의 청년기를 찾아 상하이 시내를 걸었다.

그곳은 당시의 주소로 말하면 프랑스 조계 포시가(포시는 프랑스 육군 원수의 이름) 아이런리^{愛仁里} 42호다. 지금 주소로는 베이징서로^{北京西路} 218농^{弄} 4~11호다. 황허로^{黃河路}와 베이징서로^{北京西路}가 교차하는 사거리의 서북쪽 모퉁이다. 농은 골목이란 뜻으로 상하이 등지에서 가^{街}나 로^{路} 아래의 도로에 쓰이는 말이다. 아이런리는 작은 주택단지이다. 이곳을 찾아왔던 조선인 애송이는 누구였을까.

기억의 주인공은 김원봉의 조선의용대에서 '최후의 분대장'으로도 부르던 김학철(본명 홍성걸)이다. 김학철은 1935년 늦은 여름, 스무 살 나이에 독립운동에 투신하겠다고 임시정부를 찾아왔으나, 아이런리 42호에 머무르면서 김원봉의 조선민족혁명당(의열단의 후신)에 들어가 상하이 특구의 행동대와 선전대의 일원으로 암약했다. 이곳에서는 김학철이 연상의 여인 송일엽과 불꽃처럼 사랑하고 눈물로 이별한 이야기가 영화처럼 펼쳐졌다. 눈을 감고 그 시대로 돌아가 보자.

　김학철은 1916년 11월 4일 함경도 원산에서 출생했다. 중학교는 서울에서 유학했다. 보성고보에 재학하던 1935년, 독립운동에 투신하겠다고 자신의 학비를 챙겨 교복 차림 그대로 서울을 떠났다. 세상 물정 모르는 햇병아리로 몇 차례 황당한 일들을 겪기는 했지만 압록강을 건너 선양과 친황다오, 산하이관을 거쳐 무사히 상하이 역에 도착했다. 학생복을 입은 그는 일본인 학생으로 보였기 때문에 비교적 안전하게 도착한 것이다.

　중국어를 한 마디도 못하는 그는 인력거꾼이 데려다준 동양관이란 일본 여관에 투숙했다. 인력거꾼 역시 그를 일본인으로 오인한 것이다. 하루 숙박비가 쌀 반 가마니나 되는 비싼 곳에서 하루를 자고는 다음날 부리나케 훙커우虹口의 싸구려 중국 여관으로 옮겼다. 중국 여관으로 숙소를 옮기고는 허기를 달래려고 식당을 찾아 나섰다. 운 좋게도 걸어서 10분 만에 '조선요리 경성식당'이란 간판을 발견했다. 실내는 서양식이었다. 그가 허겁지겁 식사를 하고 있는데 치파오 위에 스프링코트를 걸치고 핸드백을 든 30대 후반의 동양 미인이 식당에 들어섰다.

김혜숙이다. 당시 서울로 돌아가 독립운동을 펼치다가 일본 경찰에 잡혀 투옥되어 있던 정태희(1898~1952, 건국훈장 국민장)의 부인이다. 김혜숙은 김원봉의 민족혁명당(본부는 난징)이 상하이에 두고 있는 촉수의 한 사람이었다. 주인과 잠시 이야기를 나눈 김혜숙은 다짜고짜 김학철의 테이블로 가서 맞은편에 앉았다. 어리숙한 김학철은 자기 집에 빈 방이 있다는 김혜숙의 말에 그날로 숙소를 옮겼다. 2층 집이었는데 그게 바로 아이런리 42호였다. 60여 가구가 함께 사는 상하이식 연립주택이다.

김혜숙은 김학철에게 2층 가운데 방을 내주었다. 한쪽은 김혜숙의 방이었고, 다른 한쪽은 김혜숙의 이종사촌 동생인 송일엽의 방이었다. 송일엽은 공공조계에 있는 메트로폴리탄[大都會舞廳]이란 클럽의 택시 댄서, 곧 손님들의 사교춤 파트너가 되어주는 직업 댄서였다. 자정이 지나야 귀가하고 아침에도 열 시는 넘어야 기동하는 터라 처음에는 제대로 마주치지도 못했다. 아무튼 상하이에 도착한 지 하루 만에 김학철은 김원봉의 시야에 들었고 안전한 숙소까지 잡았으니 행운이라면 행운이었던 것이다.

김혜숙의 집에 들어가고 며칠이 지나자 김혜숙은 김학철에게 시내 구경을 시켜주겠다고 했다. 김학철은 윤봉길 의사가 폭탄을 투척했던 훙커우虹口 공원이 어딘지를 물었다. 하루 종일 함께 구경을 다닌 다음날 김학철은 자신이 임시정부를 찾아왔다고 털어놨다. 그러나 김혜숙의 답은 실망스러웠다.

"하늘같이 바라고 온 그 임시정부가 지금 상하이엔 없어요. 지난번 그 폭탄 사건(윤봉길 의거)으로 이 조계에서 배겨나질 못해 풍비박산했거든요. 사실 임시정부는 상징적인 존재에 불과했었죠."

김학철은 크게 낙담했다. 그러나 상하이에서 활동하려면 중국어와 영어를 먼저 공부하라는 김혜숙의 권고에 따라 중국어와 영어를 공부하기 시작했다. 중국어 교사는 김혜숙이 소개한 심성운(본명 심상휘)이었다. 심성운은 민족혁명당 상하이 특구의 선전부장이었다. 김학철에 관한 김혜숙의 보고를 받고 조치한 김학철 포섭 1단계가 바로 중국어 과외였던 셈이다. 영어는 김혜숙과 송일엽으로부터 배웠다.

상하이에 온 지 두어 달이 되었을 때 순진한 김학철에게 생각지도 못한 남녀상열지사가 벌어졌다. 김학철의 회고를 인용하면 이렇다.

"어느 날 밤 곤히 자다가 어쩐지 가슴이 답답한 느낌이 있어서 돌아누우려 했더니 침대가 유별나게 비좁은 것 같았다. 영문을 몰라서 잠이 가득 실린 눈을 떠보니, 아~ 이게 웬일인가! 술내, 분내, 향수내 따위를 뒤섞어 풍기는 여자가 한 명 내 싱글 베드의 거의 절반을 떡 차지하고 있잖은가. 내가 깜짝 놀라 일어나려 하니까 그 여자는 한번 킥 웃고는 '푸울Fool!'하며 내 목에다 팔을 감는 것이었다. 메트로폴리스에서 자정이 퍽 지나서야 돌아온 송일엽이었다."

긴장과 불안 속에 사는 망명객 남녀가 자연스레 사랑을 나눈 것이다. 만리 타향 외국의 어느 도시에서 만난 남녀의 애틋한 연분에 신비한 아름다움이 느껴지기까지 한다. 송일엽은 그날 이후 연인이자 동지가 되었다. 그녀는 클럽에서 일본인을 상대하면서 얻는 정보를 민족혁명당에 전해주었다. 송일엽의 오빠는, 영국의 상하이 세관에서 마약상에게 받은 뒷돈으로 치부한 조선인을 털기도 했던 유명한 비밀조직원이었다. 그러나 다른 사건에서 일본 경찰과 총격전 끝에 희생됐다.

이런 곡절을 거쳐 김학철의 진심을 확인한 민족혁명당은 1936년 난징으로 데려가 입당시켰다. 김학철은 상하이 특구의 행동대에 배치되어 돌아왔다. 행동대는 조선인, 일본인 등을 대상으로 목표 인물을 처단하거나 금품을 빼앗아 활동자금을 조달하는 등 여러 비밀작전을 펼쳤다. 행동대장은 노철룡(일명 최성장. 한국전쟁 당시 북한 인민군 방호산 군단의 참모장, 전쟁 후에 군사정변을 획책했다는 죄명을 쓰고 총살당했다)이었다.

1937년 7월 일본은 '노구교 사건'을 빌미로 중일전쟁을 터뜨렸다. 전쟁이 터지자 김학철은 상하이 행동대에서 선전대로 전보되었다. 중국의 라디오 방송이 매일 밤 10분씩의 방송시간을 민족혁명당에게 할애했고, 김학철이 그 일을 맡았다. 그는 '동포들에게 고함'이란 생방송 프로그램의 작가 겸 성우였던 셈이다. 송일엽도 몇 차례 함께 출연했다.

이런 와중에 1937년 8월 13일 민족혁명당은 독립전쟁을 수행할 군대를 창설하고자 김학철을 포함한 젊은 대원들을 난징으로 소집했다. 그는 이제 상하이를 떠나야 했다. 민족혁명당은 국민당 정부의 협조를 받아 중국 육군군관학교에서 이들을 교육시켜 정식 군대를 창설하려고 했다. 김학철은 군관학교를 졸업하고 1938년 10월 10일 우한에서 창설된 조선의용대 창설멤버가 됐다.

조선의용대 안에는 항일의지가 희박하고 반공에만 집착하는 장제스에 실망한 대원들이 많았다. 결국 조선의용대의 주력은 타이항산太行山의 팔로군(중국공산당 군대)과 합류하기 위해 1941년 초 황하를 건너 북상했다. 김학철도 북상했다. 그러나 1941년 12월 일본군과 후자좡촌胡家庄村 전투에서 허벅지에 총상을 당한 채 포로가 되어 일본의 나가사키 감옥으로 이송되었다. 이 과정에서 총상을 제대로 치료받지 못해 결국 한쪽 다리를 절단했다.

해방 후 그는 외다리로 귀국했다. 해방된 조국의 서울로 돌아왔으나 좌우 갈등이 격해지면서 1946년 월북했다. 한국전쟁이 터지자 신체가 온전치 못한 김학철은 중국으로 건너갔다. 중국 측의 배려 덕분에 베이징의 이화원頤和園 안에 있는 소와전邵窩殿이란 자그마한 전각에서 2년간 살기도 했다. 그 이후 옌볜에 정착했고 작가로 살았다.

그러나 중국의 삶 또한 고난의 협곡이었다. 1957년 중국의 소위 반우파 투쟁에 걸려들어 강제노역에 처해지면서 극심한 고통을 겪었다. 이때 마오쩌둥을 신랄하게 비판하는 장편소설《20세기의 신화》를 썼다. 그런데 1967년 문화혁명의 광풍 속에서 이 미발표 소설이 발각되었다. 그는 반혁명 작가로 낙인찍혀 1977년까지 10년 동안 지옥 같은 감옥살이를 했다. 마오쩌둥이 세상을 뜨고 난 뒤 1980년에야 복권됐고 그 이후 계속 작품 활동을 하다가 2001년 세상을 떠났다. 조선의용대 대원 가운데 가장 오래 살아남아 당시를 증언했기 때문에 '최후의 분대장'이라 부르기도 했다. 우리가 현대사의 질곡 속에 일부러 가리고, 지우고 짐짓 외면했던 역사의 한 단면이다.

이런 김학철이 애송이 시절에 조선의 독립혁명에 몸을 던지면서 한편으로는 달콤한 사랑을 나누었던 곳이 바로 아이런리 42호이다. 1937년 8월 본부의 소집령을 받고 상하이를 떠나던 날, 연상

의 연인 송일엽은 절규했다. 가면 끝이란 게 뻔했으니…….

"못 가요, 못 가요. 못 간다니까!"

그녀는 눈물을 뿌리며 몸부림쳤다. 김학철은 "상하이를 떠나면서 미쳐날 지경으로 격동해 헝가리의 시인 페데피의 시 〈사랑이여〉를 읊조리고 읊조리고 또 읊조렸다"고 회상했다.

사랑이여 (페데피)

그대를 위해서라면, 내 목숨마저 바치리.
하지만 사랑이여,
자유를 위해서라면, 내 그대마저 바치리.

상하이에서 시간 여유가 있거든 아이런리 42호를 찾아보자. 아니, 일부러라도 찾아볼 만하지 않을까. 지금도 문루의 상단에는 아이런리라는 작은 표지가 남아 있다. 안쪽으로 들어가 보자. 어느 집이 42호인지는 알 수 없으나 분명히 어느 독립투사의 암약과 애틋한 사랑과 가슴 저린 이별이 그곳에 깃들어 있을 것이다. 아무런 표지도 없는 곳에서 당시를 상상해보는 것이 쉽지는 않겠지만 독립운동 시대를 마음으로 느끼는 기회는 될 수 있을 것이다.

상하이에는 우리가 일일이 확인할 수 없는 독립운동의 역사가 켜켜이 쌓여 있다. 국권을 침탈당한 1910년부터 일본이 중일전쟁을 일으켜 상하이에 진주한 1937년까지 수많은 독립운동가들이 상하이를 오고갔으니 얼마나 많은 피와 땀과 사연이 깃들어 있겠는가. 그 가운데 한 곳이 와이탄外灘이다. 상하이를 찾는 외국인은 물론 타지의 중국인 역시 상하이에 오면 꼭 찾아가는 야경이다. 황푸강을 따라 늘어선 서양식 건축이 이국풍을 더하고, 강 건너 푸둥浦東의 동방명주를 비롯한 현대식 마천루들이 미래도시를 이루고 있다.

의열단(단장 김원봉)의 김익상, 오성륜, 이종암 세 요원이 1922년 3월 일본 육군대장 다나카 기이치田中義一를 암살하려고 했던 곳도 이곳 와이탄이다.

상하이 임시정부가 내분에 몸살을 앓고 있을 때 김원봉의 의열단은 임시정부의 나약한 외교노선을 비판하면서 그야말로 의義를 맹렬하게 실행했다. 의열단은 1922년 다나카 일본 육군 대장을 목표로 정했다. 다나카는 일본제국의 영토확장과 국가전략 등을 펼친 핵심 이론가였다. 다나카 상주문이란 유명한 글의 장본인이다. 의열단은 다나카가 필리핀에서 귀국하는 길에 상하이를 들러 간다는 정보를 입수했다. 다나카가 상하이의 황푸탄 부두에 하선하는 순간을 노렸다. 오성륜이 권총으로 저격하고 김익상이 폭탄을 던지기로 했다. 최후에는 이종암이 칼로 처단하기로 했다.

김익상은 독립운동에 투신하기 위해 베이징에 왔다가 김창숙(심산)의 소개로 김원봉을 알게 됐고 그의 시국담에 감동하여 의열단에 합류했다. 그는 1921년 9월 12일 전기수리공으로 가장하여 경성의 조선총독부 청사에 폭탄을 투척하여 일제를 깜짝 놀라게 했던 인물이다. 아쉽게도 폭탄이 터진 방은 총독 집무실이 아니라 비서실이었다. 폭발로 소란해진 틈에 빠져 나와 베이징으로 무사 귀환했다. 한마디로 신출귀몰이었다.

와이탄 거사 당일 다나카가 하선했다. 오성륜이 먼저 권총을

慶北義烈團續行公判

嚴重警戒로 開廷
李鍾岩부터 審問
傍聽客身體를 一一搜索

고인덕은 병으로 못나오고

氣焰萬丈의 金益相
六月中旬公判
暗殺團의 活動과 朝鮮獨立

移住民續行하던 運送店主人放免

김익상(위) 오성륜(아래) 김익상 의사 관련 기사, 동아일보 1922년 05월 09일

쏘았으나 불행히도 빗나갔다. 다나카 뒤에 있던 영국 여성이 총을 맞고 절명했다. 뒤이어 김익상이 폭탄을 던졌으나 한 선원이 발로 차 강물에 빠뜨리는 바람에 불발이 되고 말았다. 다나카는 곧바로 피신했고 김익상은 현장에서 체포됐다. 김익상은 일본으로 끌려가 재판을 받고 사형을 선고받았다. 감형을 거쳐 20년을 복역했는데 출소 후 얼마 되지 않아 일본인 경찰과 함께 나간 뒤 실종됐다. 그들의 손에 의해 죽은 것 같다. 1963년에 건국훈장 대통령장이 추서됐다.

오성륜은 도주하면서 경찰 몇 명에게 부상을 입혔고 자동차를 탈취해서까지 도주했으나 영국 경찰에 붙잡혔다. 영국 경찰은 오성륜의 거주지가 프랑스 조계라는 이유로 프랑스에 넘겼고, 프랑스는 오성륜이 일본 국적이란 이유로 다시 일본 영사에게 넘겼다. 오성륜은 일본 영사관 3층의 감옥에 수감됐다. 감옥에는 일본인 다섯 명이 수감되어 있었다. 일본인 수감자들은 식민지 출신의 오성륜을 동정했고, 오성륜은 그들의 도움을 받아 극적으로 탈출했다. 오성륜은 미국인 집에 숨어 있다가 광둥을 거쳐 독일 베를린으로 갔다. 이곳에서 독일 여인과 연애를 하게 돼 한동안 그녀의 집에서 살기도 했다. 이후 오성륜은 독일의 소련 영사를 찾아갔고 소련은 그를 모스크바로 보내주었다. 모스크바 동양대학에서 공부를 하고는 1926년 블라디보스토크를 거쳐 다시 상하이로 돌아왔다. 4년 만에 그 자리에 돌아온 것이다. 마치 한편의 영화를 보는 듯하다. 그런 시대였다.

다나카를 암살하려 했던 곳은 와이탄 북단에 있는 황푸공원^{黃} $_{浦公園}$이다. 황푸강 건너에는 동방명주 탑이 마주 보이고, 상하이시

와이탄 황푸공원 인민열사 기념탑 앞

인민영웅 기념탑과 황푸공원 수문참^{水文站}이 있다. 아마도 그 사이 어디쯤이 아니었을까. 암살과 밀정이 불쑥불쑥 튀어 나오는 시대의 상하이였다. 와이탄을 구경하면서 현대 중국의 경제발전만 감탄할 게 아니라 우리 독립운동을 잠시라도 떠올려볼 일이다.

오성륜은 김산의 《아리랑》에서 그의 멘토로 등장한다. 김산이 열여섯 살이던 1921년, 서른 살의 오성륜을 상하이에서 처음 만났다. 1926년 광저우에서는 한 조가 되어 활동했다. 김산은 조선인 학생 조직의 공개적인 지도자였고, 오성륜은 그의 뒤에 있는 비밀 지도자였다. 오성륜은 1927년 12월에 중국공산당이 일으킨 광저우 봉기에 김산과 함께 참여했다. 그러나 광저우 봉기는 삼일천하로 끝나고 중국 국민당 군벌에 쫓겨 죽을 고비를 수없이 넘기다가 김산과도 헤어졌다. 생사를 모르고 서로가 죽은 것으로 생각하던 김산과 오성륜은 1928년 10월 상하이에서 우연히 재회하게 된다. 두 사람이 재회한 것도 바로 와이탄에서였다. 김산은 오성륜과 재회 장면을 다음과 같이 구술했다.

"어느 날 나는 황푸강을 쳐다보면서 황푸탄을 따라 무작정 걷고 있었다. 그러다가 문득 고개를 들어보니 환각을 하고 있는 것처럼 하나의 얼굴이 나를 향해 다가오고 있는 것이 아닌가. 이럴 수가?…… 익히 알고 있는 그가 뼈만 앙상한 손으로 내 손을 덥석 잡는 것이었다. 그러자 두 사람의 입에서 동시에 놀란 목소리가 튀어 나왔다. '네가 죽은 줄 알고 있었어!' 우리는 마치 한 몸이기나 한 듯이 얼마 동안은 못 박힌 듯 꼼짝도 않고 서서 아무 말도 하지 못하였다. 이윽고 그의 얼굴에 눈물이 흘러내렸다. 이때 처음으로 나는 오성륜이 겉으로 드러내고 우는 것을 보았던 것이다!"

이것도 와이탄에서였으니 김산의 아리랑을 기억하는 사람은 와이탄에서 아리랑을 되새겨볼 만하다.

오성륜은 그 이후 무장투쟁을 위해 만주로 갔다. 1930년 중국공산당 만주성위원회 선전부장이 되었고, 1936년 항일민족통일전선체인 조국광복회 창립에 주도적인 역할을 했다. 1938년 만주지역의 중국인과 조선인들이 연합한 동북항일연군 제1로군에서 군수처장, 2군 정치위원 등을 했었다. 이 시기에 김일성이 2군 6사의 사장(중대장급)이었으니 오성륜이 김일성의 상관이었다는 이야기도 듣는다. 그러나 끝이 좋지 않았다. 1941년 일제에 검거된 이후 투항했고 일제가 패망하자 다시 중국공산당 팔로군에 체포되었다.

상하이 여행객이라면 와이탄에서 멀지 않은 난징동로^{南京东路}의 보행가 역시 필수 코스 가운데 하나다. 널찍한 보행가를 걸으면서 즐기는 화려한 야경은 중국에 중국이 아닌 곳이 있다는 환상을 심어주기까지 한다. 족히 백년은 됐음직한 유럽식 건축에는 라오상하이^{老上海}의 정취가 가득하고, 좌우로 즐비한 21세기 건축물들은 세련된 의상과 첨단 IT기기들과 함께 오늘의 상하이를 뽐내는 것 같다.

난징동로에서도 독립운동의 중요한 사적지 한 곳을 찾아볼 수 있다. 난징동로의 보행가는 동서 약 1킬로미터 정도다. 그 중간에 스제광장^{世纪广场}이 있고, 이 광장의 대각선 서북방향으로 셴스다러우^{先施大楼}라는 바로크식 외관을 띠고 있는 건물이 있다. 이 건물 일층에는 상하이 패션스토어[上海时装商店]가 있고 이층부터는 진

장즈싱錦江之星이란 유명 체인호텔이 들어서 있다. 주소는 난징동로 670호. 이 건물은 해방 이전에 상하이 4대 기업 가운데 하나였던 센스공사가 1917년 백화점과 호텔 등을 개업한 곳이다. 진장즈싱 호텔 입구가 1층의 중간에 있는데 그 입구에 이 건물이 센스공사가 있던 곳이라는 표지판이 부착돼 있다.

바로 이곳에서 1921년 고려공산당(상해파)이 창당되었다. 5월 20일부터 23일까지 국내 대표 8인을 비롯해 중국 러시아에서 온 20여 명이 모여서 회의를 했다. 이동휘 위원장을 수위로 13인의 중앙위원을 선임했다.

박헌영은 1920년 11월 상하이로 왔다. 1921년 3월 고려공산당(이르쿠츠크파) 산하의 고려공산청년회를 조직했다. 고려공청은 공산당원 중에서도 활동력이 왕성한 청년들의 조직이었는데 박헌영은 고려공청 중앙총국의 책임비서가 되었다. 그는 국내로 활동기반을 옮기려고 입국했으나 입국 시에 체포되어 2년 가까이 옥살이를 했다. 훗날 그는 국내에서 조선공산당을 세웠고, 일본 제국주의의 극심한 탄압 속에서 검거와 투옥, 병보석과 출옥, 국외 탈출, 조선공산당 재건과 검거라는 고난의 길을 걸었다. 극심한 고문을 당했으나 '조선 최고의 고문강자'라는 별명이 붙을 정도로 그 고통을 견뎌냈다. 심지어 정신이 이상해지면서 자기 똥을 먹기까지 했다고 하니…….

해방 직전 마지막 몇 년은 완전히 잠행하며 체포되지 않은 조직원들과 연락하고 있었다. 결국 해방의 그 순간까지 살아남았다. 해방된 서울에는 "지하에 숨어 있는 박헌영 동지여! 어서 나타나서 있는 곳을 알리라! 그리하여 우리의 나갈 길을 지도하라!"는 포스터가 나붙을 정도로 신망 높은 공산주의자이자 독립운동가였다.

돌이켜 보면, 내 어려서부터 머릿속에 담긴 독립운동은 김좌진, 유관순, 김구가 전부였다. 그 외에는 모든 것이 희미했고 특히나 사회주의나 공산당은 끼어들 수도 없는 금기어였다. 그러나 이것은 남북 권력자들이 분단을 정치적으로 악용해 합작해낸 이념 대결의 허위요, 그로 인해 만들어진 내 머릿속의 허상이었다.

독립운동을 상식으로 되짚어보자. 일본 제국주의가 침략을 해옴으로써 국권이 침탈당했다. 힘을 다해 그것을 회복하려 했다. 그런데 3.1운동에서 확인되었듯이 독립의 열망은 황제의 나라 제국帝國을 되살리는 것이 아니라, 인민의 나라 민국民國을 세우는 것으로 완전히 바뀌었다. 이때 독립된 나라를 어떤 시스템으로 세울 것인가에 대해 다양한 주장이 있었다. 사람에 따라 제각각 자본주의나 아나키즘 또는 사회주의나 공산주의를 지향했다. 어떤 사회를 지향하건 간에 그들의 공동목표는 민족의 독립과 국권의 회복이었다. 그런 면에서 사회주의나 공산주의 기반의 독립운동이라고 해서 그 가치를 깎아내릴 이유가 없다. 게다가 엄정하게 보면 우리 독립운동을 민족주의와 사회주의 진영으로만 대별한다면 사회주의 진영이 전체 독립운동의 다수를 점하지 않았던가.

3.1운동은 독립 그 자체를 달성하지는 못했지만 우리 독립운동을 한 단계 질적으로 높이는 결과를 낳았다. 그 가운데 하나가 명망가들을 망라하여 민족주의 성향의 임시정부를 세우게 한 점이다. 그러나 3.1운동과 임시정부는 수많은 조선의 젊은이들을 민족주의만이 아닌 사회주의와 공산주의로 다가서게 하기도 했다. 임

시정부는 외교정책이 깡그리 실패했고, 그나마 내부의 분열로 조직 자체가 주저앉았기 때문이다.

1920년대 중반 이후 해방까지의 독립운동은, 국내와 만주와 타이항산 등에서 사회주의 계열의 독립운동이 다수를 점했다. 민족주의 진영은 국내에서는 대부분 친일로 끌려갔다. 국내에서 끝까지 버틴 독립운동가는 조선공산당을 비롯한 사회주의, 공산주의 계열이다. 조선의 마지막 임금 순종의 장례식에 맞춰 일어난 1926년 6.10 만세운동도 산발적으로 일어난 항일투쟁을 고려공산청년회 책임비서인 권오설이 지도부를 결성하여 주도했다. 해외에서는 중국에서 김구가 고집스럽게 임시정부라는 간판을 지탱해왔다. 이승만은 미국에서 유유자적, 이름만 알려진 유명 인사였을 뿐이다.

1946년 4월 박헌영은 '조선 인민에게 고함'이라는 선언에서 이렇게 썼다.

"우리는 공산주의자라는 명목으로 국내에서만 수천의 생명을 희생하였고 (누계로 계산하면) 6만 년이 넘는 세월을 감옥에서 살았다. 우리가 단독으로 일본 제국주의자의 집중 공격을 받은 것은 당 발전에 커다란 지장이었으나, 동시에 조선 민족 부르주아의 커다란 수치이다. 그들도 당연히 우리와 공동전선으로 일본 제국주의의 지배에 반항하여 투쟁해야 할 것이었다. 그러나 조선 해방사에서 그런 영웅적인 호화로운 기록은 없다. 우리는 새 역사의 첫 페이지에 그 역사적 사명에 충실하였다는 것을 금자(金字)로 기록할 권리가 있는 것이다."

이 글은 조선공산당의 공개적인 정치적 언술이니 나름의 수사와 과장이 있다. 그러나 이 글의 주어인 조선공산당을 사회주의와 공산주의로 치환하면 독립운동의 실상에 훨씬 근접하게 된다. 조선의 사회주의자와 공산주의자들은 국내외를 막론하고 독립운동에 관한 한 금자로 기록할 권리가 있다고 당당히 선언할 수 있었던 것이다. 무장투쟁에서도 임시정부의 광복군은 일본군을 향해 단 한 발의 총탄도 발사하지 못했다. 실제 일본군을 향해 총을 쏜 것은 타이항산의 조선의용군과 만주의 동북항일연군이었다. 전투에서 희생자가 가장 많았던 조직 역시 동북항일연군이었다.

분단 이후에 수립된 대한민국 정부가 실정법을 기반으로 부여하는 독립유공자의 영예를, 김일성 정권 수립과 한국전쟁이란 민족 비극의 책임이 있는 인물들에게 주지 않는 것은 수긍할 수 있다. 그러나 일제 강점기 사회주의와 공산주의 사상을 가졌다는 이유만으로 독립운동사에서 그들을 삭제하거나 저평가하는 것은 온당치 않다. 이런 역사 평가의 한 단면을 상하이 난징동로의 보행가에서도 음미할 수 있다는 것이다.

같은 맥락에서 1920년대 중반 민족주의든 사회주의든 모든 조선인들이 독립의 희망을 품고 모여들었던 광저우의 황푸군관학교를 찾아가려고 한다. 그곳에서 《아리랑》의 김산을 더듬어볼 생각이다. 상하이에서 광저우까지는 비행기로 3시간 반이면 간다.

5
아리랑에 담긴 혈맹의 현대사

독립 투쟁의 시대
누가 진정한 동맹이었는가

광저우

김산과 아리랑

아리랑은 내게 두 번의 충격을 주었다. 하나는 프랑스 악단 폴 모리아 오케스트라가 내한공연에서 선보인 연주곡 '아리랑'이다. 일렉트로닉 기타의 고고한 쇳소리 선율로 시작해서, 물줄기가 유선형으로 흐르는 느낌이고, 처음부터 끝까지 합창단의 부드러운 허밍이 받쳐주는 아름다운 연주곡이다. 나는 어려서부터 우리의 민족정서가 한恨이라는 것이 거북했다. 인생이 그렇게 한으로만 가득 차면 어쩌란 말이냐는 반감이 섞여 있었다. 그런데 폴모리아의 아리랑은 '눈물 뚝뚝 아리랑'이 아니라 감미롭고 사랑스러운 아리랑이었다. 사랑스러운 아리랑에 흠뻑 젖어본 다음에야 나는 가슴 저린 한의 아리랑도 서서히 받아들였다. 이게 1970년대 말이다.

두 번째 충격은 중국 대륙을 누빈 조선인 혁명가 김산의 이야기 《아리랑》(1984년 동녘)이다. 광저우봉기, 삼일천하, 해륙풍 소비에트, 테러리스트, 옌안, 님 웨일즈와 같은 낯선 어휘들이 내 머릿속을 헤집었다. 중국의 공산혁명에 왜 조선인 젊은이들이 죽어갔을까, 충격이었다. 김산이 피신했던 해륙풍 소비에트는 환상 속의 소국으로 느껴지기까지 했다. 결혼과 직장 생활을 시작한 지 얼마 되지 않던 1980년대 중반의 일이었다.

그 이후 내 생활은 일상의 과제들로 채워지면서 폴모리아와 김산은 기억 저편으로 슬며시 밀려났다. 그로부터 30여 년이 지난 2016년 1월 스마트폰에 폴 모리아의 아리랑을 담고, 중고서적으로 다시 구입한 1986년 판 김산의 《아리랑》을 배낭 속에 넣고 나는 광저우행 비행기를 탔다. 김산이 생사를 넘던 그곳에서 그의 아리랑을 역사로 음미해보고 싶었다. 비행기는 어둑한 시간에 광저우 바이윈공항에 나를 내려놓았다.

광저우에 도착한 그날 밤 바로 광저우기의열사릉원广州起义烈士陵园을 찾아갔다. 열사릉원 중앙에는 손에 움켜쥔 구식 총의 총구가 하늘을 향하고 있는 기념탑이 세워져 있었다. 경관조명 덕분에 한결 멋지게 보이기도 했지만 살상무기를 상징물로 세운 것은 생경했다. 당시의 생생한 혁명의 전운이 느껴지기도 했다. 탑의 기저부에는 광저우기의의 시가전을 새긴 부조가 있었다. 기념탑 옆의 나무가 빨간 꽃을 피우고 있는 게 눈에 들어왔다. 무장봉기와 빨간 꽃, 그것이 "No War!"를 외치는 것 같기도 하고, 그때 흐른 피로 보이기도 하고, 또 다른 피를 부르는 전조같이 보이기도 했다.

다음날 아침 다시 열사릉원으로 가서 기념탑 옆에 있는 열사의 묘로 올라갔다. 높이 6.2미터에 직경 43미터나 되는 커다란 봉

분이다. 가로 2미터 정도의 석판 수십 개가 분묘를 두르고 있다. 석판 하나에 광저우기의 비명碑銘이 새겨져 있었다. 약간 긴 문장의 중간에 '조선등국제전우朝鮮等国际战友'란 문구가 눈에 들어왔다. 중국인들이 자신의 혁명 기록에 조선이란 말을 선명하게 새긴 것이다. 광저우기의에는 아리랑의 주인공 김산과 그의 멘토 오성륜을 포함해서 150여 명의 조선인들이 참가했다. 그러나 1927년의 혁명은 실패했다. 5,700여 명의 혁명가와 진보인사들이 죽었다. 거기에 참여했던 조선인들 대부분도 그러했다.

열사의 묘에서 내려와 조그만 호수를 건넜다. 중조인민혈의정中朝人民血誼亭이라는 안내표지가 눈에 들어왔다. 중조인민혈의정은 가로 세로 13미터 정도 되는 2층 누각이다. 누각 1층 중앙에는 석비가 하나 있다. "중국과 조선 양국 인민의 전투우의여 만고에 푸르러라!"라는 문구가 예젠잉叶剑英의 글씨로 새겨져 있었다. 광저우기의열사릉원에서 조선인 동지에 대한 예우가 예사롭지 않다. 광저우기의에서 희생된 조선인들은 150여 명, 이들은 압록강 건너인 만주도 아니고, 황해 건너의 베이징이나 상하이도 아닌, 중국 해안의 끝자락 광저우까지 와서, 그것도 남의 나라 혁명에서 바람에 날린 꽃잎처럼 스러져간 것일까.

김산의 아리랑에는 두 줄기의 큰 흐름이 있다. 하나는 1927년 12월 10일 중국공산당이 광저우에서 봉기할 때까지의 중국 현대사이고, 다른 하나는 김산을 광저우까지 오게 한 우리의 독립운동 역사다.

청조는 18세기 백년의 전성기를 넘으면서 급격하게 쇠락했다.

급기야는 1840년 아편전쟁에서 영국에 패하면서 서구 제국주의의 먹잇감이 되고 말았다. 주민들은 부패한 청조와 탐욕스러운 서구 제국주의에 이중으로 약탈당하는 고통의 늪에 빠졌다. 쑨원은 청조 타도를 외쳤다. 1911년 드디어 신해혁명이 일어나고 1912년 중화민국이 세워졌다. 청조는 막을 내렸으나 쑨원은 위안스카이에게 축출당해 일본으로 망명했다. 1916년 위안스카이는 반혁명 황제 놀음까지 벌이다가 병사했다. 그가 남긴 것은 군벌이 각지에서 할거하는 찢어진 중국이었다.

쑨원은 1919년 일본에서 상하이로 복귀했다. 중국을 통일하기 위해서는 돈과 무기가 필요했다. 그래서 1924년 코민테른과 손을 잡았으니, 바로 제1차 국공합작이다. 쑨원은 코민테른의 자금과 무기로 광저우에 황푸군관학교를 세웠다. 광저우는 이제 중국 혁명의 메카로 떠올랐다.

쑨원은 1925년 "아직도 혁명은 완수되지 않았다"는 유언을 남기고 병사했다. 황푸군관학교 교장이던 장제스는 북벌군 총사령관이 되어 1926년 북벌전쟁을 개시했다. 1927년 4월에 장제스의 북벌군은 상하이까지 점령했다. 그러나 장제스는 다른 생각을 품고 있었다. 이제 국민당의 돈줄을 코민테른에서 장쑤성, 저장성의 재벌들로 바꾸기로 밀약했다. 그 돈을 받는 조건은 공산당과 결별이었다. 1927년 4월 12일 장제스는 북벌을 잠시 중지하고 상하이에서 쿠데타를 일으켰다. 국민당을 깨끗이 한다[淸黨]는 슬로건을 내걸고 공산당원과 노동운동가 등 진보 인사들을 무차별 학살했다. 상하이에서만 며칠 사이에 5천여 명이 시체로 나뒹굴었다. 그는 상하이에 새로운 정부를 세웠다. 상하이에서와 같은 학살의 광풍이 중국 전역으로 번져갔다. 거리와 광장과 감옥에서 도살이 벌어졌다. 조선인 혁명가들도 적잖이 살해당했다.

국민당에 입당하여 북벌전쟁까지 함께 했던 공산당은 장제스에게 처절하게 배신당했다. 그들은 장제스의 학살에 대항폭력으로 맞서기로 했다. 1927년 8월 난창기의를, 9월에는 추수폭동을 일으켰다. 그러나 모두 실패했다. 조직화되지 않은 민중 봉기로는 국민당 정규군에 맞설 수 없었다. 패잔병들은 일부가 징강산井冈山으로 들어갔고 일부는 그해 12월 광저우에 집결해서 다시 봉기를 일으켰다. 이게 바로 광저우기의다. 쿠데타와 반쿠데타, 혁명과 반혁명, 폭력과 대항폭력이란 이름으로 화중과 화남 지역 전체가 전란에 휩싸인 광폭한 시대였다. 1920년대 광저우의 풍경이다.

1924년 황푸군관학교가 세워지면서 조선인들이 광저우에 모여들었다. 3.1운동은 격렬했으나 독립을 쟁취하지 못했고, 임시정부의 외교교섭은 아무런 성과도 내지 못한 채 내부 논쟁과 분열에서 허우적댔다. 자본주의 국가 일본에게 국권을 침탈당한 식민지의 청년들에게 사회주의와 공산주의는 새로운 희망으로 급격하게 다가왔다. 정연한 논리와 견고한 조직, 국제연대와 선명한 투쟁으로 조국의 해방이란 꿈을 키워준 것이다.

조선의 젊은이들은 중국의 국공합작이라는 새로운 정세를 목도하면서 혁명의 메카 광저우로 몰려들었다. 의열단의 김원봉은 1924년 무기와 자금을 구하려고 광저우를 찾았다. 의열단은 1925년 가을 근거지를 베이징에서 광저우로 옮겼다. 김원봉은 쑨원과 면담을 통해 의열단원들의 황푸군관학교 입교의 길을 열었다. 김원봉 자신도 1926년 1월 입교했다. 중국공산당이나 독립군 조직을 통해 만주와 시베리아의 조선인들도 황푸군관학교로 몰려들었다. 상해임시정부에서도 젊은이들을 보냈다.

쑨원은 황푸군관학교나 중산대학의 조선인 학생들에게 학비를 면제해주고 생활비까지 지원했다. 군관학교를 졸업하면 일정 기간 장교로 복무하는 조건이었다. 정부 대 정부의 정식 외교문서는 없었지만 국제적인 후원이었고 군사 외교적 동맹과 다를 바 없었다. 장제스의 북벌전쟁에 황푸군관학교를 졸업한 조선인들도 많이 참전했다. 국내의 독립운동이 꽉 막힌 상황에서 중국혁명이 조선의 해방과 혁명으로 가는 길이라고 생각했다. 북벌전쟁에서 승승장구하자 이대로 화북으로, 만주까지 최후에는 조국으로까지 밀고 가는 독립전쟁을 꿈꾸고 있었다. 그러나 중국 역사는 장제스의 4.12 쿠데타로 뒤집어졌다. 이게 1927년의 중국이고 광저우였다.

김산은 그런 시대의 젊은이였다. 그는 1905년 평안북도 용천에서 태어났다. 3.1운동은 조선의 청춘들을 독립운동으로 나서게 했다. 김산도 다르지 않았다. 중학생으로 3.1 만세시위에 나섰다가 3일간 구류에 처해졌다. 1920년 열여섯의 나이로 압록강을 건넜다. 신흥무관학교를 당시 최연소로 입교하고 졸업했다. 그리고 임시정부를 찾아 상하이로 갔다. 그곳에서 독립신문에 들어가 교정과 식자 일을 했다. 임시정부 안에서 일어난 많은 일들을 지근거리에서 목도했을 것이다.

1921년부터 25년까지는 베이징의 의대에서 수학했다. 임시정부에 실망한 조선의 젊은이들은 대안을 찾았다. 김산 역시 이 시기에 공산주의로 기울었다. 김산은 1925년 혁명의 메카 광저우로 갔다. 중산대학에서 경제학을 공부했고, 황푸군관학교에서 교관도 했다. 김원봉, 오성륜, 김성숙 등과 함께 정치활동에 힘을 기울였다. 1926년 상하이에서는 임시정부를 지지할 수 있는, 조선인 전체가 참여하는 통일된 정당을 만들자는 민족유일당 운동이 일어났다. 안창호가 제기하고, 당시 임시정부 국무령이었던 홍진도 나섰다. 중국의 국공합작도 큰 자극이었다. 민족유일당 운동이 광저우에서도 조직됐다. 김산이 이 활동에 깊숙이 관여했다. 그러나 유일당 운동은 1928년 정체에 빠졌다. 장제스의 4.12 쿠데타로 국공합작이 깨졌고 코민테른 역시 각국의 사회주의자들에게 부르주아 민족주의와 결별을 요구했기 때문이다.

1927년 장제스의 상하이 쿠데타가 터지자 3일 뒤에는 광저우에서도 무차별 학살이 시작됐다. 난창과 창사에서 봉기에 실패한 중국공산당은 광저우에서 1927년 12월 다시 봉기를 일으켰다. 이때 조선인 150여 명이 참여한 것이다. 김산의 회고에 따르면 폭동의 주축이었던 2천 여 명의 교도단(폭동 개시 후에 '적군'으로 개칭됐다) 가운데 80여 명의 조선인이 있었고, 광저우에 살던 조선인도 적지 않게 봉기에 참가했다고 한다.

12월 10일 밤의 거사는 일단 성공이었다. 교도단 대원들은 교도단 사령부를 점령하여 혁명 본부로 삼았다. 혁명위원회 명단을 발표하고, 군벌을 공격했다. 군벌 장군 장파쿠이张发奎는 도주했다. 공안국을 점령하여 혁명위원회를 설치하고, 다음날 삼만 명이 운집한 군중집회를 열어 광저우 소비에트 정부를 선포했다. 노동조건 개선, 실업보험, 토지 재분배, 남녀 동일임금 등 '노동자와 농민의 민주적 독재' 등을 강령으로 채택했다.

봉기는 성공했고 광저우 시내는 평화가 찾아왔으나 점령 다음의 통치가 제대로 준비되지 않았다. 봉기가 성공했다고 생각한 군중 일부는 퇴근하듯 집으로 돌아갔다. 그러자 교외로 밀려났던 장파쿠이 군벌이 전열을 정비하여 반격을 시작했다. 그것으로 광저우기의는 삼일천하로 끝나버렸다. 폭동으로 도시를 장악했으나 통치할 능력이나 방어할 능력이 없었다. 후퇴하여 자신을 보존하는 방법도 몰랐다. 준비 없는 후퇴를 시작한 대오는 급격하게 무너졌다.

김산의 대오는 동쪽으로 후퇴를 거듭하며 20여 일이나 행군한 끝에 하이펑현海丰县과 루펑현陆丰县 지역에 도착했다. 이 두 지역을 묶어 하이루펑이라 하는데 김산의 아리랑에 나오는 '해륙풍 소비에트'가 바로 이곳이다. 하이루펑 소비에트는 1927년 11월 중국 농촌지역에서 최초로 세워진 소비에트 정부다.

하이루펑 소비에트의 혁명지도자는 펑파이彭湃라는 인물이었다. 김산이 혁명을 배웠다고 회고한 사람이다. 펑파이는 하이펑현에서 지주의 아들로 태어났다. 일본 유학을 하면서 혁명에 투신했고 귀국해서는 중국공산당에 가입했다. 그는 농민운동에 몰두했고, 1927년 11월 고향에서 무장봉기를 일으켜 소비에트 정부를 세웠다. 이때 펑파이가 장악하고 있는 해륙풍 소비에트로, 김산이 속한 무장대오가 피신해 온 것이다.

김산과 그의 부대는 이곳에서 숨을 돌렸다. 김산은 이곳에서 혁명의 실제를 경험했다. 하이루펑 혁명재판소 7인 위원회의 일인이 되기도 했다. 펜 놀림 하나로 재판 없이 처형 여부가 결정되는 순간도 있었노라고 회고했다. 그러나 얼마 지나지 않아 광둥의 군벌이 사방에서 공격해 들어왔고, 이들은 또 다시 패주했다. 김산은 죽을 고비를 수없이 넘겼다. 1928년 8월 피로와 부상과 병에 지친 몸을 이끌고 천신만고 끝에 홍콩으로 탈출했다. 홍콩에서 조선인 인삼장사의 도움을 받아 여객선을 타고 다시 상하이로 돌아간 것이 1928년 9월이었다.

광저우 동쪽 280킬로미터 거리에 있는 산웨이시汕尾市 하이펑현 중심지에서 김산이 머물던 하이루펑 소비에트의 흔적을 찾아볼 수 있다. 하이펑현 도심 한복판에 있는 홍궁红宫과 홍장红场이 바로 하이루펑 소비에트 정부가 있던 곳이다. 그곳에서 멀지 않은 곳에 펑파이가 살던 집도 보존돼 있다. 김산이 광저우 탈출 후 숨을 돌리면서 혁명의 실체를 경험했던 곳이다. 그러나 어디에도 김산의 이름은 없다. 단지 그를 생각하고 찾아온 여행객이 상상으로만 더듬을 뿐이다.

홍궁과 홍장은 하이펑현 중심이라 찾기는 쉽다. 홍궁은 명대에 하이펑현의 학궁이었는데 1927년 11월 노동자·농민·병사의 소비에트 대표들이 모여 하이펑현과 루펑현을 아우르는 하이루펑 소비에트 정부를 수립한 곳이다. 중국에서 가장 먼저 세워진 소비에트 정부다. 노농병 소비에트 대표들이 3일간 대표자 회의를 할 때 붉은 깃발들이 안팎을 뒤덮었다고 해서 홍궁으로 개명했다. 홍장은 홍궁의 동쪽에 이어진 광장이다. 1927년 12월 5만 여 명이 운집하여 하이루펑 소비에트정부 수립기념 군중대회를 열었고, 펑파이가 사령부로 사용했던 곳이다. 이곳에 홍장이란 큰 글씨를 새긴 문루가 세워져 있다.

홍궁과 홍장의 담장은 온통 붉은 색이다. 혁명 또는 반혁명이란 이름으로 얼마나 많은 피를 흘렸을까. 역사의 기념물들은 대부분 이긴 자의 기록이다. 그러나 인민이라고 하든 국민이라고 하든

모두 주민들이 엄청나게 피를 흘린 다음에 세워진 것들이다.

김산은 어찌 되었는가. 김산은 1928년 하이루펑을 탈출한 다음 상하이에서 요양했다. 1930년부터는 중국공산당 간부로서 화북과 만주에서 활동했다. 그러나 1930년 말 베이징에서 배신자의 밀고로 체포됐고, 조선인이란 이유로 일본에 넘겨져 신의주로 끌려갔다. 여섯 차례의 물고문을 견딘 후에야 석방되었다. 1931년 봄 어머니의 간병으로 건강을 회복하고는, 일본경찰의 출국금지 명령에도 불구하고 다시 압록강을 건넜다. 베이징 공산당에서는 그의 석방을 의심하는 동지들이 있었다. 김산은 당내 공개재판을 자청해 혐의를 벗었다. 그러나 1933년 배신자로 인해 또 다시 중국 경찰에 체포됐고 조선으로 끌려가 긴 시간 고통을 당했다. 1934년 1월 다시 베이징으로 탈출했다. 이 시기가 개인적으로 가장 고통스러웠던 시기였다. 고통이 극심해서 더 이상 살 수 없다고 생각하는 순간 천사가 나타나 그를 구원했다. 1934년 베이징에서 그 천사, 중국 여인과 결혼했다.

1935년 김산은 중국 혁명이 아닌 조국의 독립운동에 투신키로 하고 상하이로 가서 조선민족해방동맹을 만들었다. 조선민족해방동맹은 김원봉이 주도한 조선민족전선연맹에 참여했다. 광저우에 이어 다시 김원봉과 접점이 이루어졌다. 김산은 1936년 해방동맹의 대표로 중국공산당이 있는 옌안으로 파견되었다. 옌안의 항일군정대학에서 강의를 하기도 했다. 그곳에서 1937년 님 웨일즈를 만났고 장시간 인터뷰를 했다. 그렇게 해서 남은 회고록이 바로 《아리랑》이다.

김산은 옌안에서 만주로 가 무장투쟁을 하고자 했다. 그러나 만주로 가지도 못하고 1938년 일제 간첩이라는 이유로 중국공산당에 처형당했다. 1983년 중국공산당은 그가 죽은 지 45년이 지나서 김산 측의 재심 청구를 받아들였다. 중국공산당은 그의 사형이 "특수한 상황 하에서 벌어진 잘못된 결정이었다."면서 복권했다. 복권된 다음해에는 한국에서 님 웨일즈의 《아리랑》이 우리글로 출간됐다.

김산이 중국 혁명에 참여하고 공산당에서 활동했다는 이유로 외면하는 사람도 적지 않다. 그러나 그는 1935년 이후 조선의 독립운동에 직접 투신했다. 그 이전의 활동 역시 당시 국제정세 속에서 독립운동의 방편으로 이뤄진 일들이었다. 애당초 그가 집을 떠나 압록강을 넘은 것 자체가 조국의 독립을 갈구한 일이다. 그가 중국 어느 구석에서 누구와 어떤 투쟁을 벌였든 그것은 조국의 독립을 찾겠다는 몸부림이었다. 누구나 지름길이라고 생각해서 그리로 갔을 뿐이다. 지나고 나서 보니 그게 지름길이 아닐 수도 있음을 깨달았을 뿐이다.

김산의 아리랑은 피눈물이었다. 식민지라는 멍에를 메고, 일제 간첩이라는 용수를 쓰고, 사형장으로 향하는 길에 부른, 처절한 아리랑이다. 검붉은 피와 싯누런 고름이 뚝뚝 떨어지고, 증오와 원망의 눈물이 넘치는 아리랑이다. 그는 아리랑을 부르면서 결기를 닦아 세웠다. 아리랑의 선율 속에서 좌절했지만 그 좌절 속에서 다시 몸을 일으켜 아리랑을 울부짖었다. 그는 살아서 해방을 보지 못했다. 죽은 뒤에도 세상이 몇 번 뒤집어진 다음에야 그나마 복권이 되었고 자신의 조국에서 회고록이 출간되었다. 누군가 그의 이

Kim San in Yenan, 1937 / photo by Nym Wales

름을 기억해주기 시작했고 그 가운데 한 사람이 김산을 찾아 이곳 하이펑까지 온 것이다.

홍궁과 홍장은 아침에 내린 겨울비에 촉촉이 젖어 있었으나 하늘은 파랗게 갰다. 붉은 담장 위로 햇살이 부서졌다. 아무 것도 보이지 않았지만 마음으로는 그를 느낄 수 있었다. 나는 그를 위해 내 귀에 폴모리아의 사랑스러운 아리랑을 틀었다. 그리고 심호흡을 하고는 그가 남긴 《아리랑》의 첫 페이지에 기록된 김산의 아리랑, 피눈물의 아리랑을 읊었다.

> 아리랑 아리랑 아라리요, 청청 하늘엔 별도 많고, 아리랑 고개는 탄식의 고개, 이천만 동포야 어데 있느냐, 지금은 압록강 건너는 유랑객이요, 아리랑 아리랑 아라리요, 아리랑 고개를 넘어간다……. (《아리랑》에 실린 노랫말)

하이펑의 홍궁, 홍장과 펑파이 고거까지 둘러보고는 광저우로 돌아왔다. 다음날 황푸군관학교를 찾아갔다. 황푸군관학교는 광저우시 창저우도長洲島의 중국 해군기지 안에 있다. 황푸군관학교는 현재 역사박물관으로 개방되어 있다. 학교 본부를 1996년 중건했는데 총리실에서부터 교실, 집무실, 숙소와 식당 등이 1920년대 풍으로 복원되어 있다. 한쪽에는 황푸군관학교의 역사와 주요 졸업생, 중국혁명에 대한 다양한 자료도 전시돼 있다. 정문에는 개교 당시의 정식 명칭이었던 육군군관학교라는 현판이 걸려 있다. 정문에서 기념사진을 찍느라 항상 사람이 붐빈다.

그런데 내가 이곳을 찾아갔던 2016년 1월 예상치 못한 특별 행사를 만났다. 한국의 독립기념관이 광둥혁명역사박물관과 공동으로 주관한 '한국 독립운동과 광둥'이라는 특별전시회였다. 제목은 광둥이지만 실제로는 중국 전체에서 전개된 조선인들의 독립운동이었다. 마치 나를 위한 전시회로 착각이 들 정도로 반가웠다. 중국의 항일전선, 조선의 독립투쟁이 어떻게 연합했는지 잘 보여주고 있었다.

보통의 중국인들은 지금도 일본에 대항한다는 면에서 한국인들에게 상당한 공감대를 갖고 있다. 내 경험으로는, 적지 않은 중국인들이 만난 지 30분도 되지 않는 초면의 한국인에게 "그런데 저 르번구이日本鬼(중국인들이 일본인을 비하하는 말)들은 말이야~" 하면서 일본을 비난하곤 한다. 중국과 한국이 항일투쟁을 공유했던 역사에서 비롯된 일종의 정서적 연대다. 그런 면에서 황푸군관학교의 조선인 독립운동역사 전시회는 두 나라 국민들의 상호이해를 위해서 상당히 훌륭한 기획이었다. 그러나 이런 정서적 연대가 사드 배치 논란과 함께 크게 위축되었으니……

황푸군관학교 구지 안에는 또 하나의 한중 동맹의 조선인 흔적을 찾아볼 수 있다. 황포군관학교 정문에서 서쪽 700미터 떨어진 강가에 동정진망열사묘원東征陳亡烈士墓園이 있다. 1925년 황푸군관학교 사생들이 군벌 반란을 진압하기 위해 두 차례 출정했을 때 희생된 516명의 시신을 안치한 곳이다. 이 가운데 조선인 두 사람의 비석이 있다. 안태安台와 김근제金瑾濟의 비석이다. 안태의 비에는 1927년 11월 숨졌다고 적혀 있다.

광저우의 한국 총영사관에 근무하던 강정애 씨는 6년 전 이 묘

비를 발견하고는 이를 널리 알렸다. 3년 만에 김근제의 후손이 광저우를 찾아왔다. 이곳을 참배한 후손은 "하얼빈에서 독립운동을 하다 돌아가신 줄로만 알고 있었다."고 말했다. 김근제는 팔촌인 김은제와 함께 황푸군관학교에 입교했다. 김은제는 조선혁명당 당원이자 국민당 비행장교로 일본군과 싸우다 희생됐다. 하지만 안태의 후손은 아직도 찾지 못하고 있다. 사망 당시 28세였고 묘비에 '한국 괴산'이라고 적힌 게 유일한 단서이다.

장제스의 중화민국은 임시정부와 의열단에게 자금과 무기와 군사교육 등을 지원했다. 윤봉길 의거 직후 김구와 임정 요인들에게 피신처를 제공한 것도 장제스의 중화민국이었다. 물론 일본과 관계 악화를 우려해서 비공개로 지원했다.

김원봉은 1938년 10월 10일 우한의 중화기독청년회관에서 거행한 조선의용대 결성식에 100여 명의 대원에게 이렇게 말했다.

"중국혁명이 완성되지 못함으로써 일제의 한국에 대한 압박과 착취가 날로 심하며, 한국 민족이 해방되지 못함으로써 일제의 중국대륙 침략이 더욱 포악해졌음이 사실이다. 조선의용대의 기치를 높이 들고 중국 형제들과 굳게 손잡고 최후의 일각까지 분투하자"

중국공산당은 국민당보다 한 단계 더 깊었다. 코민테른의 일국일당 원칙에 따라 조선인들이 중국공산당에 가입해서 항일투쟁을 벌였다. 만주에서는 더욱 많았다. 1930년대 조선인은 민족주의 진영이건 사회주의 진영이건 만주의 중국공산당과 연합하여 일본 관동군과 만주국군과 치열한 전투를 벌였다. 1940년 가을 일본군과 만주국군의 잔혹한 공격에 밀려 본대가 소련으로 넘어간 이후에도 88여단이라는 단일 부대로 편제되어 게릴라 활동을 벌였다.

만주뿐만이 아니다. 김원봉의 의열단은 조선의용대가 되었고, 조선의용대 주력은 1941년 황하를 건너 북상하여 중국공산당의 팔로군과 합류했다. 조선의용대는 팔로군과 합동으로 일본군과 전투를 벌였다. 그들은 전장에서 희생된 조선인 동지들을 일일이 묻어주고 기념비를 세우기도 했다. 조선의용대는 이곳에서 화북 지방의 조선인들을 받아들이면서 병력을 늘렸고 1942년에는 조선의용군으로 확대 개편했다. 1944년에는 해방에 대비해 옌안으로 이동했다. 이들이 바로 연안파이다. 이들 역시 독립운동에 관한 한 팔로군, 곧 중국공산당과 혈맹이었다.

그에 비하면 소련은 그리 우호적이지 않았다. 일본과 갈등을 우려해서 조선인 망명객들을 국경 밖으로 퇴거시키거나 무장을 해제하기도 했다. 1921년의 자유시 참변이 일본의 강력한 항의로 인해 자국 영토 안으로 들어온 조선의 독립군을 무장해제하면서 발생한 참극이다. 1930년대에는 일본 첩자들이 적지 않게 섞여 있다는 등의 이유로 우리 동포들을 대거 중앙아시아로 강제 이주시켰다. 1940년대 일본군과 만주군의 공세에 견디다 못해 연해주로 밀려온 동북항일연군에 대해 군영을 제공하기는 했지만 자신들의 구미에 맞게 통제했고 그 가운데 김일성을 발탁한 것도 소련이다.

미국은 20세기 전반기 내내 조선의 즉각 독립에 대해서는 변함없는 반대자였다. 미국은 필리핀을 확보하기 위해 조미수호통상조약(1882년)의 거중조정 조항에도 불구하고 일본에게 조선을 넘겼다. 이게 바로 1905년의 카쓰라-태프트 밀약이다. 윌슨의 민족자결주의가 한때 조선인의 희망이었으나 실체는 전승국의 사기극이란 게 곧 드러났다. 루즈벨트 미국 대통령은 1943년 3월 영국 외상에게 일본이 항복하면 조선을 독립시키는 게 아니고 국제연합의 신탁통치 하에 두자고 제안했다. 그해 12월 미국, 영국, 소련의 정상이 만난 테헤란회담에서 미국은 조선에 대해 40년간의 신탁통치를 주장했다. 1945년 2월의 얄타회담에서 미국은 20~30년의 신탁통치를 주장해고 스탈린은 소극적으로 동의했다.

일본이 항복한 뒤 1945년 12월 모스크바 3상회의에서 미국은 5년 신탁통치에 5년 연장 방안을 끈질기게 주장했다. 이에 대해 소련은 조선인들이 임시정부를 세우면 미국, 영국, 소련, 중국이 후원하는 것으로 그치자고 주장하다가 미국에 밀려 연장 없는 5년 신탁통치로 수정 제안했다. 이 3상회의의 내용이 국내에서는 정반대로 보도됐다. 미국은 조선의 독립을, 소련은 신탁통치를 주장했다는 엄청난 오보가 나라를 뒤덮었다. 이로 인해 찬탁반탁 논쟁은 국내 정세의 혼란을 더욱 부풀렸다.

미국은 시종일관 조선 독립의 반대자였던 것이다. 미국은 소련의 남하를 막는다는 자국의 이익을 위해, 소련은 해양으로 진출하려는 자국의 국익을 위해 이승만과 김일성을 내세워 남북을 분할했다. 그리고 한국전쟁에 직접 개입하거나 적극 후원했다. 결국 조선의 독립투쟁에서 가장 큰 동맹이었던 중국은 국내사정으로 뒤로 빠진 채, 미국과 소련의 후원 아래 남한과 북한은 동족상잔이란 끔찍한 비극을 벌이고 말았다. 중국은 미국이 국경선까지 북진해오자 직접 한국전쟁에 개입하면서 대한민국과는 적대국이 되어버렸다. 해방 후 몇 년 사이에 동족이 적으로 갈라섰고, 그 위에 중국마저 항일동맹에서 적국으로 급변해버렸으니 우리 현대사는 참으로 현기증 나는 피의 곡예라고나 해야 할지……

동맹은 언제든지 교체가 가능한 일반명사다. 피를 나눈 혈맹이란 말로 미화할 것이 아니다. 광저우에서 읽은 역사를 교훈으로 새기면서 김원봉을 찾아 광저우를 떠났다.

6
21세기에 부활하는 역사 김원봉

남과 북의 권력이 지워버린
독립운동의 영웅

난징

전각 류시호

삶이 곧 독립운동
김원봉

김원봉은 조국이 망하자 스물한 살에 조국을 떠나 중국 대륙을 떠돌며 28년간 독립운동에 투신했다. 일제 강점기 내내 첫 손 안에 꼽는 독립운동 지도자였다. 의열단을 만든 그는 1920년대 조선총독부에서 경찰서까지, 심지어 남의 나라 중국 곳곳에서도 폭탄 의거를 감행했다. 조선 사람들에게는 희망이었고 제국주의 경찰에게는 공포였다. 1930년대에는 군정학교를 만들어 이육사와 윤세주 등 많은 젊은이들을 독립투쟁의 전사로 키웠다. 의열단을 기반으로 민족혁명당을 만들고 조선민족전선연맹으로 확대했으며, 조선의용대란 정규군을 창설했다.

조선의용대는 중국에서 일본군과 혈전을 벌였다. 조선의용대의 본부는 임시정부 광복군 주력이 되었고, 조선의용대 주력은 훗날 타이항산에서 조선의용군으로 확대되었다. 1940년 만주의 동북항일연군이 일제의 공세를 견디지 못하고 소련으로 피신한 이후 일본군을 상대로 직접 전투를 벌인 것은 조선의용군뿐이었다. 김원봉은 해방 후 귀국했다가 친일 경찰 노덕술에게 체포되어 치욕을 당하고는 사흘을 통곡했다. 끊임없는 테러 위협 속에서 결국 월북하고 말았다. 네 명의 동생은 1950년 보도연맹 사건으로 모두 총살당했다. 집안은 풍비박산 났고 연로한 부친은 굶어 죽었다. 1958년에는 자신도 김일성에게 숙청당했다. 비극의 죽음으로 끝난 위대한 독립투사, 그가 바로 김원봉이다.

그러나 그의 독립운동 업적은 증발되지 않았다. 누군가는 골방에서 힘들게 기록을 남겼고, 누군가는 주목받지도 못하는 김원봉을 주제로 학술 연구를 했다. 그런 세월이 쌓이고 쌓여 영화 속에서 그를 '특별출연'으로 불러냈다. 《암살》과 《밀정》이란 영화가 바로 그것이다. 김원봉이라는 존재를 망각 속에서 꺼내 대중들에게 큰 이름으로 되살려냈다. 이럴 즈음 나는 김원봉의 흔적을 찾아 중국행 비행기에 네 번이나 올랐다. 나 같은 여행객이 할 수 있는 건 다만 중국 어딘가에 남아 있을 그의 흔적을 찾아보는 것이 전부였으니.

출국의 피로감에 눈을 감고 있으면 비행기는 금세 서해를 가로질러 만주의 하늘로 들어간다. 가끔 흔들리는 비행기 속에서 독립운동 답사여행을 본격적으로 하기 전에 알고 있던 독립운동사는 무엇이었는지 떠올려봤다. 참으로 빈약했다. 누가 누구를 죽였고 어디서 무엇을 폭파했다는 것들이, 어설픈 기억으로 파편처럼 남아 있었다. 안중근의 이토 히로부미 처단, 윤봉길의 홍커우공원 의

거 이외에 억지로라도 살을 붙여보자면 부산경찰서 폭파, 밀양경찰서 폭파, 조선총독부 폭파, 일본 육군대장 다나카 암살 시도, 종로서 폭탄 투척, 베이징에서 일본 밀정 김달하 처단 등이다. 거사를 위해 폭탄을 국내로 들여오다가 실패한 사례도 있다. 1920년 밀양으로 폭탄을 반입한 사건과 1923년의 반입 사건이 그런 사례다.

이런 것들을 의열 또는 폭렬 투쟁이라고 한다. 적의 요인을 암살하거나 주요 시설을 폭파하는 것이다. 군대끼리 전투를 벌이는 전쟁과도 다르고, 3.1운동이나 6.10만세시위, 노동쟁의, 소작쟁의 같은 대중운동과도 구별되는 투쟁방식의 하나이다.

앞에 열거한 의거 가운데 안중근, 윤봉길 두 건을 제외한 나머지는 김원봉의 의열단이 1920년대 전반에 일으킨 것들이다. 1923년 1월 12일 감행한 종로서 폭탄투척 사건은 의열단의 김상옥이 주인공이다. 김상옥은 폭탄을 투척한 뒤 귀신같이 도주했고 일본은 경성의 경찰을 총동원해 추격했다. 김상옥은 열흘 동안이나 서울 시내를 휘저으면서 10여 명의 일경을 사살하거나 부상을 입혔고 마지막 총알로는 자살했다. 상상만 해도 가슴이 먹먹한 영화 같은 사건이다. 영화 《밀정》은 시작하자마자 총성과 폭음 속에 피를 튀기는 추격신으로 관객들을 휘어잡는다. 영화 속에서 장렬하게 스스로 최후를 맞이하는 그가 바로 김상옥이다.

1923년의 폭탄반입 사건은 경기도 경찰부의 경부였던 조선인 황옥과 연계된 것이다. 《밀정》은 바로 이 사건을 기실紀實로 한 영화이다. 영화에서는 경부 이정출이 의열단 비밀요원로 묘사되지만, 역사에서는 황옥 경부가 어느 쪽인지 명확하지가 않다.

조선총독부 폭파의 주인공은 김익상이다. 1921년 9월 12일 전기수리공으로 위장하여 총독부에 잠입했다. 그러나 비서실을 총독 집무실로 잘못 알고 폭탄을 터뜨리는 바람에 총독 폭살은 실패했다. 김익상은 혼란한 틈에 총독부를 유유히 빠져 나와 베이징으로 복귀했다.

김익상은 오성륜, 이종암과 함께 1922년 3월 28일 상하이 와이탄에서 일본 육군대장 다나카를 저격했다. 김익상은 현장에서 체포되어 20년을 감옥에서 보냈고 출옥 얼마 후 집으로 찾아온 경찰과 함께 나가서는 행방불명이 되었다. 오성륜도 체포되었으나 상하이 일본 영사관 감옥에서 극적으로 탈옥함으로써 또 한번 의열단의 드라마를 만들었다. 이 와이탄 저격 사건은 앞에서 상세하게 소개한 바 있다. 이 사건이 터지자 상하이 임시정부는 "과격주의로는 조선의 독립을 달성하기 어렵다"는 엉뚱한 성명을 내놓아 많은 조선인들을 실망케 했다. 김원봉과 임시정부가 선명하게 대비되는 장면이다.

김원봉은 1924년에는 약 70명의 의열단 결사단원을 지휘했다. 님 웨일즈가 김산을 인터뷰하고 저술한 《아리랑》에는 1924년까지 일으킨 의열투쟁이 국내에서만 300여 건에 달하고, 1927년까지 체포되어 처형당한 의열단원이 무려 700명에 달한다고 기록하고 있다.

김원봉이 의열단을 창설한 것은 1919년 11월 9일 지린성 지린시 광화로光华路 57호에서였다. 당시 기록으로는 파호문 밖의 중국인 판潘 씨의 집이라고 되어 있다. 의열단 창단 멤버인 이종암이 임대한 비밀 아지트였다. 이곳에서 폭발 실험도 했다. 지금은 시가지가 되어 있고 그 자리에는 중국농업은행 건물이 있다. 물론 지금은 의

김원봉

열단과 관련된 어떠한 표지도 찾을 수가 없다. 내가 이곳을 찾아 농업은행 건물과 주소판 등을 찬찬히 뜯어보고 사진을 찍었더니 중년의 여성 관리인이 나와서 쳐다보기도 했다. 이럴 때에는 미소를 얹어서 "니하오~" 한 마디 주고받으면 그만이다. 현지인들이야 이곳에서 1백 년 전 조선인의 의열단이 결성되었다는 것을 알 리가 없잖은가.

의열단 창단지에서 동쪽으로 100미터 정도만 가면 큰 사거리가 나오는데, 대각선 건너편에 지린시 사법국과 법률지원센터 등이 입주해 있는 15층짜리 건물이 있다. 이곳은 지린 감옥이 있던 자리이다. 1927년 1월 말 지린에 와서 연설하던 안창호와 정의부 인사들이 중국 경찰에 체포되어 구금되었던 곳이다. 안창호 등은 20여 일 동안 구금된 후에 풀려났다. 1930년대 수많은 조선인 사회주의자들이 고초를 겪은 곳도 지린 감옥이다.

지린 감옥 자리에서 멀지 않은 화이더가 怀德街 90호에는 당시 동아여관이 있었다. 조선일보 김이삼 기자가 피살된 곳이다. 그는 일제가 제공한 보도자료에 따라 만보산 사건을 왜곡 보도하여 국내에서 중국인 배척사건을 유발했고, 그것이 다시 만주에서 중국인들이 조선인을 배척하는 사태를 일으키게 한 장본인이다. 이에 대해 독립운동가 이종형(권수정)이 죽음으로 징치한 곳이다.

의열단은 1919년 11월 9일 밤 만주 지린시에서 13명이 모여 밤샘 토론 끝에 결성했다. 김원봉은 단장격인 의백으로 선출됐다. 의열단은 행동규범으로 공약 10조를 만들고 의열투쟁의 직접 목표로서 칠가살 七可殺 과 파괴대상 다섯 가지를 정했다. 칠가살은 조선 총독 이하 고관, 군부 수뇌, 대만 총독, 매국적 賣國敵, 친일파 거두, 적의 밀정, 반민족적 토호열신^{土豪劣紳} 등이다. 파괴대상은 조선총독부, 동양척식회사, 매일신보사, 각 경찰서, 기타 일제의 주요기관 등이었다. 이때 김원봉은 스물두 살이었다. 의열단 창단을 김원봉이 혼자 주도했다고는 할 수 없다. 나이와 경륜으로도 그렇다. 그러나 창단 이후 김원봉이 의열단의 투쟁을 주도해나간 것에는 이견이 없다. 의열단 세 글자는 김원봉의 다른 이름이 된 것이다.

김원봉은 의열단을 창단하기 전 3.1 만세시위가 터지던 때 이미 중국에 와 있었다. 1917년 스무 살의 김원봉은 나라를 되찾기 위해서는 군사력이 첫 번째라 생각하고 자신은 군사학을 공부하겠다고 마음먹었다. 처음부터 무장투쟁론이었다. 김원봉은 당시 세계에서 가장 강한 군대는 독일이라 생각하고 텐진의 덕화학당에서 독일어 공부를 시작했으나 그해 여름 덕화학당이 급작스레 폐교됐다. 그러자 김원봉은 영어권 국가가 세계정세를 주도할 것으로 생각하고 1918년 9월 난징의 금릉대학으로 가서 영어를 공부했다. 금릉대학은 훗날 난징대학으로 개명했다. 지금도 난징대학 정문 안쪽에 금릉대학 구지 표지가 있다.

당시 조선의 명망가들은 윌슨 미국 대통령이 내세운 민족자결주의에 주목하면서 파리강화회의(1919년 1월)에 대표를 보내 조선의 독립을 호소하려고 했다. 그러나 김원봉은 생각이 달랐다. 전승국들이 서로 다투면서까지 전승국 일본의 식민지인 조선의 독립을 거들 이유가 없다고 본 것이다. 김원봉은 파리강화회의를 외교교섭의 장이 아니라 의열투쟁의 목표로 삼았다. 현장에서 일본 대표를 처단하려 했다. 이를 위해 김철성을 파리까지 보냈으나 누군가 권총과 실탄을 빼돌리는 바람에 거사 자체가 무산됐다.

곧이어 국내에서 3.1 만세시위가 일어났다. 김원봉은 이에 대해서도 크게 실망했다. 3.1운동은 무력항쟁이 아니라 비폭력을 주장했기 때문이다. 강도 일본에 비폭력으로 맞선다는 것은 비현실적이고 무모하다는 게 그의 생각이었다.

의열단은 1920년 초 베이징으로 이동했고, 앞에 나열했던 투쟁들을 하나씩 하나씩 거행했다. 김원봉은 단원을 모집하여 훈련시키고, 자금과 폭탄을 구하는 한편 거사를 계획하고 대원을 파견하는 등 의열단의 일거수일투족을 이끌어나갔다. 그는 베이징과 상하이를 오가며 활발한 활동을 벌였지만 극도의 보안 속에 움직였다. 자신의 거소 역시 단원들에게조차 비밀에 부치고 활동한 탓에 그의 흔적은 확인된 게 거의 없다.

어떤 거사는 성공했고 어떤 것은 실패했다. 성패와 무관하게 결과는 항상 희생이었다. 시간이 지나면서 김원봉은 의열투쟁만으로는 한계가 있다는 것을 자각하고 행보를 넓히기로 했다. 인재를 양성하는 한편 분열이 적잖았던 독립운동 단체들을 민족유일당 수준의 정당으로 통합하고, 산하에 정규 군대를 창설하여 일본과 전쟁을 통해 독립을 쟁취하자는 것이었다.

인재양성을 위해 1926년 의열단원 20여 명과 함께 광저우의 황푸군관학교에 입교했다. 쑨원을 만나 조선인과 연대를 설득했던 것이다. 1930년 베이징에서 레닌주의정치학교를 운영한 것도, 1932년에 난징에서 조선혁명군사정치간부학교(군정학교)를 개설한 것도 같은 맥락이다.

김원봉은 1931년 만주사변이 일어나고 중국과 일본의 전운이 짙어지자 독립운동 세력 통합에 나섰다. 그 결과 1932년 상하이의 한국독립당, 베이징의 조선혁명당 제1지부, 톈진의 한국광복동지회, 난징의 한국혁명당과 의열단이 한국대일전선통일동맹을 결성했고, 미주의 다섯 개 단체가 뒤이어 가입했다. 이 운동은 결실을 맺었다. 한국독립당, 신한독립당, 조선혁명당, 대한독립당, 의열단 등이 기존 조직을 해체하고 하나의 정당 조직으로 통합하기로 했다. 이렇게 해서 1935년 7월 민족혁명당이 결성됐다. 김원봉은 중국 관내에서는 김구와 함께 가장 비중이 큰 조선인 독립운동가로 자리매김을 했다.

그러나 민족혁명당은 김원봉의 기대만큼 성공하지는 못했다. 사회주의 성향의 의열단과 반공 우파의 네 정파가 통합한 것이고, 임시정부에서는 국무위원 7인 가운데 5인이 참여하여 차후 독립운동의 중심 역할을 기대할 만했다. 그러나 통합이 중국 관내와 미주에 국한되었고, 김구와 임시정부 사수파는 끝까지 불참했다. 실제 운영에서도 김원봉과 의열단 계열이 주류가 되면서 조소앙, 홍진, 이청천 계열이 차례로 탈당함으로써 통합의 의미는 반감하고 말았다.

김원봉의 통합운동은 계속 이어졌다. 중일전쟁(1937년)이라는 새로운 국면에 적극적으로 대응하여 민족혁명당은 조선민족해방운동자동맹(김규광)과 조선혁명자연맹(일명 조선무정부주의자연맹, 유자명)과 조선청년전위동맹(최창익) 등 진보적 독립운동 단체와 연합하여 1937년 조선민족전선연맹을 결성했다. 그리고 조선민족전선연맹의 무장대오로서 김원봉을 대장으로 하는 조선의용대를 1938년 10월 10일 우한에서 창설했다.

김영범 대구대학교 교수는 김구와 김원봉을 '두 거인'이라고 묶어서 표현했다. 1940년 충칭의 임시정부에 참여하기 전까지 김원봉은 정세판단과 추진력, 조직결성과 투쟁의 전개에서 김구보다 항상 앞서 있었다. 임시정부가 명망가들의 외교교섭 전략에 헛발질을 하고 있을 때 가열차게 의열투쟁을 전개했다. 임시정부가 내분에 휘둘려 빈집과 다를 바 없던 1920년대 중후반에 김원봉은 이미 황푸군관학교를 거쳐 정당조직을 만들어가고 있었다. 김구가 뒤늦게 의열투쟁을 도입해 이봉창, 윤봉길을 보내 의거를 일으킬 때 김원봉은 조직화된 무장대오를 구축하고자 군정학교를 세우고 있었다. 이 과정에서 그는 민족 본위에 충실하면서도 좌파 이념에 대해서도 개방적이었으니 이 역시 김구보다 한 발 앞선 것이었다. 중화민국에 대한 교섭력에서도 김원봉은 뛰어났다. 1938년 100여 명으로 조선의용대를 창설하고 2년 뒤엔 300여 명으로 확대한 것 역시 그의 정치력의 소산이다.

 1930년대 김원봉의 흔적은 난징과 우한에서 더듬어볼 수 있다. 김원봉은 1932년 봄 의열단을 옮겨온 이후 1937년 중일전쟁이 발발한 뒤 우한으로 옮기기 전까지 난징을 근거지로 활동했다. 나는 상하이에서 창강^{长江}을 거슬러 난징으로, 다시 우한으로 답사여행을 이어갔다.

톈닝사와 인근 저수지

내가 난징에서 첫 번째로 찾아간 곳은 톈닝사^{天宁寺}라고 하는 폐사. 김원봉이 세운 군정학교 3기생들이 훈련받던 곳이다. 3기생은 1935년 4월 1일 입교하여 6개월간 교육을 받았다. 졸업생 가운데 만주 출신들은 대부분 만주로 돌아가 지하활동을 했고, 나머지는

1, 2기 졸업생 가운데 난징에 잔류해 있던 인원들과 합류하여 민족혁명당(1935년 7월 결성)의 주축으로 활동했다. 이들은 김원봉이 창설한 조선의용대의 핵심이 되었다.

이름은 군정학교지만 지금은 야산의 폐사일 뿐이다. 장제스의 중화민국은 김원봉에게 자금과 무기, 인력 등을 지원해서 의열단이 군정학교를 운영할 수 있게 했다. 그러나 일본을 의식해서 비밀리에 진행했다.

텐닝사는 중국 인터넷 지도에서 바로 검색할 수 있다. 서탕녠 저수지^{蛇塘埝水庫} 동쪽에 바로 붙은 야산이다. 난징 시내에서 지하철 1호선을 타고 룽멘다다오역^{龙眠大道站}에 내린 다음 택시를 타고 야오터우베이잔^{窑头北站}이란 버스 정류장에서 내렸다. 나는 저수지를 향해 1킬로미터 넘게 걸어갔다. 저수지에서 지도를 다시 보니 텐닝사는 저수지 동쪽의 야산 중턱인 것은 분명했지만 산허리에 키 큰 나무들이 빽곡해서 아무 것도 보이지 않았다.

마침 산중턱까지 담장을 둘러친 곳이 있어 그곳 경비원에게 물었다. 경비원은 길이 없어서 못 간다고 뚝 자르고는 들어가 버렸다. 길이 없다고 해도 뻔히 보이는 야산 중턱을 못 갈 일은 아니라서 이곳저곳을 기웃거렸다. 저수지 약간 아래 벽돌집 사이에 판자 몇 개로 어설프게 막은 틈이 보였다. 주인을 불러봤지만 응답이 없다. 판자를 살짝 밀치고 들어가 보니 산으로 올라가는 오솔길이 보였다. 조금 올라가니 '텐닝사'라는 작은 팻말이 나무에 매달려 있는 게 아닌가! 마치 거물 김원봉을 직접 만난 듯 얼마나 반가웠던지! 더 올라가니 겨울나무 사이로 허름한 집이 보였다. 독립기념관의 자료사진과 일치했다. 안팎을 살펴보니 폐사라는 말 그대로였다. 편액도 없었다. 단지 떼어낸 흔적만 있었다. 문을 열고 들어가 보니 누군가 가끔은 들러 가는 것 같았다. 주위를 둘러보니 낙엽이 꽤나 많이 쌓여 있고 샘물도 있었다. 김원봉 당시에도 이 샘물은 식수 공급원이었을 것 같다.

폐사로 남아 있는 비밀 군정학교가 일제 패망 이후 벌어진 김원봉의 안타까운 운명을 말해주는 것 같았다. 표지 하나 없는 텐닝사의 사진을 내 블로그에 올렸더니 프리실라라는 닉네임을 쓰는 드로잉 작가가 자신의 작품으로 그려서 전시회에 출품하기도 했다. 화장품으로 그린 특이한 작품이다. 김원봉에 대한 안타까운 마음이 통한 것 같았다.

난징 시내의 화루강花露崗에 있는 후자화위안胡家花園도 김원봉의 흔적을 더듬을 수 있는 곳이다. 이곳은 1935년 4월 중국 중앙육군군관학교 낙양분교 한인특별반 졸업생 가운데 김원봉을 따르던 학생들과 민족혁명당 인사들이 거주하던 곳이다. 낙양분교 졸업생들은 1935년 4월 중순경 난징으로 이동하여 자오푸잉教敷營 16호에서 함께 생활하였다. 함께 생활하던 한인특별반 졸업생들은 이후 이념과 노선 등의 갈등으로 결별하였는데, 김원봉을 따르던 졸업생들은 후자화위안으로 이주하여 함께 살았다. 이곳에서는 김원봉과 김규식이 함께 생활하였으며, 민족혁명당 본부도 있었다. 후자화위안에는 김원봉이 사용했던 묘오율원과 이연선림이라는 사원이 있었다고 한다.

후자화위안은 위위안愚園이라고도 한다. 청말에 지어진 개인 소유의 원림인데 1930년대에는 난징의 대표적인 원림으로 평가받기도 했다. 해방 후 빈민촌이 되었다고 하니 아마도 서민 주택이 빼

곡히 들어찼던 것 같다. 내가 2016년 2월 이곳을 찾았을 때 후자화위안은 복원공사 중이었고 일부 빈민촌이 그 옆에 남아 있었다. 2017년 2월에 다시 찾아가니 고풍스러운 강남의 원림 주택으로 복원해 개방하고 있었다. 매끄럽게 조성된 연못은 분수까지 갖추었다. 연못 주변으로 여러 동의 고건축들이 늘어서 있었다. 동서로 100미터 남북으로 240미터나 되는 넓은 저택이다. 지금의 복원 상태로는 1930년대 조선의 망명객들이 형형한 눈초리를 뿌리며 암약했다는 사실을 연상하기는 쉽지 않다. 다만 후자화위안 북측 담장 골목 안으로 들어가면 구와관사古瓦官寺라는 절이 있는데 김원봉 당시의 묘오율원을 복원한 것이다.

  1937년 중일전쟁이 터진 이후 상하이에서 난징의 후자화위안으로 소집되어 온 '최후의 분대장' 김학철은 당시 생활을 회고록에 고스란히 담았다. 꽤 흥미로운 대목들이 많다.

  회고록에 따르면 묘오율원 경내의 누관樓觀이란 건물에 민족혁명당 청년 당원들이 기거하고 있었다. 민족혁명당 지도층들은 묘오율원 근처에 제각기 집을 잡고 따로따로 살았는데 행사가 있으면 묘오율원으로 모였다. 지도층의 호칭은 김두봉은 백연 선생, 신익희는 왕해공 선생이라고 부르는 이외에는 모두 '동무'였다고 한다. 김원봉은 약산 동무, 윤세주는 석정 동무와 같이 호에 동무를 붙여 부르기도 했다. 최창익, 한빈, 허정숙은 이명을 사용하여 이건우 동무, 왕지연 동무, 허은주 동무라고 불렀다. 김원봉의 부인 박차정은 그냥 차정 동무라고 불렀다고 한다. 정중한 표현으로 '동지'라고 할 수 있지만 실생활에서는 거의 사용하지 않았다고 한다.

  김학철은 김구도 이따금 마주칠 기회가 있었다. 대면해서는 독립운동의 큰 선배이자 어른으로 대하여 김구 선생이라고 불렀지만, 뒤에서는 노완고老頑固라는 별명으로 불렀다고 한다. 김구가 사회주의나 공산주의를 지독하게 배제했던 탓이다. 김규식은 미주아저씨라고 불렀는데, 엉클 샘을 우리말로 바꾼 것이다.

김원봉에 대한 인상도 흥미롭다. 김학철은 김원봉이 의열단 의백을 지낸 터라 굉장히 무섭게 생긴 줄 알았었는데 막상 만나보니 시골 중학교 교장 선생님처럼 부드러운지라 속으로 적잖이 놀랐다는 것이다. 심지어 가짜가 아닌가 생각할 정도였다고 한다.

김학철은 이때 장제스와 김원봉이 합의한 육군군관학교 한인특별반에 들어가려고 대기하던 중이었다. 난징에 기거하던 '화루강패'는 1진으로 먼저 입교했고, 김학철을 포함한 '상하이패'는 조금 뒤에 오는 '광둥패'와 함께 2진으로 입교하려고 대기하던 중이었다. 이 가운데 김창만, 이상조 등 몇몇 신참들은 김구 선생을 최고로 모시는 한국국민당 소속이었는데 '노완고' 김구가 좌파를 너무 심하게 배격하는 데 반발하여 아예 민족혁명당으로 넘어왔다고 한다. 당시 독립운동 진영 안에서 벌어진 좌우와 세대 갈등의 한 단면을 엿볼 수 있다. 그 당시에도 노인보수-청년진보 경향이 상당했던 듯하다.

화루강에도 일본 영사관의 경찰과 밀정이 따라 붙었던 사실도 흥미롭다. 화루강의 '동무' 가운데 조선인 식당 관리원이 한 명 있었는데, 어느 날 난징의 일본 총영사관에 찾아가 덜컥 자수를 해 버렸다고 한다. 그때부터 일본 사복경찰이 묘오율원에 예불을 빙자하고 찾아와서 청년 당원들을 몰래 촬영하거나 야밤에 차를 대 놓고 납치를 시도하는 괴변까지 발생했다. 게다가 아버지까지 밀고

해서 여러 해 투옥되었다 하니 친일매국과 밀정의 오욕이 이곳에서도 예외는 아니었던 것이다.

창강을 거슬러 난징을 거쳐 500여 킬로미터를 더 올라가면 우한武汉이다. 중일전쟁에서 상하이에 이어 난징마저 일본군에게 공격당하자 김원봉은 1937년 우한으로 옮겨갔고, 그 다음해 10월 드디어 조선의용대를 창설했다. 1938년 10월 10일의 일이다. 조선의용대는 김원봉의 독립투쟁 여정에서 가장 빛나는 업적이다.

조선의용대는 창설 이후 국민당 6개 전구 13개 전지에 배속되어 대 일본 전투에 참여했다. 조선인 대원들은 일본어 능력을 활용하여 선전공작 등을 주로 담당했고 목숨을 건 기습매복에도 참여했다. 그러나 조선의용대는 1940년 11월 충칭에서 확대간부회의를 열고, 화북과 만주로 북상할 것을 결의했다. 당시 화북에는 유민처럼 흘러들어오거나 일본군을 따라 온 조선인이 20여 만 명 정도 살고 있었다. 이들에게 주목하는 한편 궁극으로는 만주를 거쳐 조국으로 진군하자는 것이었다.

조선의용대 주력은 1941년 봄 황하를 건너 타이항산 지역의 중국공산당 팔로군과 합류했다. 북상 직후 의용대 대원 전체가 참여하는 대토론을 거쳐 조선의용대 화북지대로 개편했다. 이것은 단순한 편제 개편 이상의 의미가 있었다. 조선의용대가 장제스 직할구역에서 벗어나 중국공산당 세력권으로 들어간 것이고 이와 동시에 김원봉의 통솔에서 최창익의 리더십으로 전환된 것이다. 이 시기에 조선의용대는 팔로군과 합동으로 일본군과 치열하게 맞섰다. 희생도 적지 않았다. 이때 희생된 전사들은 다음 장에서 상세하게 소개할 예정이다.

1942년 7월 조선의용대는 다시 조선의용군으로 개편되었다. 편제로는 대를 군으로 확대한 것이고, 내면으로는 조선의용군의 리더십이 김원봉, 최창익에서 중국공산당의 절대 신임을 받고 있던 조선인 중국공산당원 무정으로 넘어간 것이다.

북상하지 않고 국민당 지역에 남았던 김원봉의 본대와 나머지 병력은 민족혁명당의 임시정부 참여 선언 이후 1942년 5월 임시정부 광복군에 합편했다. 광복군 제1지대가 바로 조선의용대였고 김원봉은 광복군 부사령관 겸 지대장으로 취임했다. 광복군은 조선의용대가 합류하면서 비로소 창설 당시의 초라함을 벗어날 수 있었다. 그러나 김원봉의 정치적인 힘은 약화되었다. 북상하여 팔로군과 합류한 조선의용대 주력은 직접 통할하지 못하게 됐고, 충칭에서는 임시정부에 참여한 뒤 광복군에 합편하자 국민당의 지원금도 임시정부로 창구가 단일화되었기 때문이다.

우한으로 김원봉의 흔적을 찾아간 것은 2016년 1월이었다. 김원봉이 다른 진보적 운동단체들과 연합하여 세운 조선민족전선연맹은 우한으로 이동한 후 한커우^{漢口} 일본조계 813가(현재의 성리가^{勝利街}) 15번지에 사무소를 설치했다. 구성원들은 대부분 그곳에서 합숙했다. 민족혁명당의 김원봉·박차정 부부, 조선청년전위동맹의 최창익·허정숙 부부, 조선민족해방동맹의 김성숙·두쥔후이^{杜君慧}(중국인) 부부, 조선혁명자연맹의 유자명·류저충^{劉則忠}(중국인) 부부가 이곳에서 생활하였다. 옛 주소는 다허가^{大和街}였는데 현재 성리가^{勝利街} 15호로 추정된다. 지금은 낡은 2층 상가다.

김원봉이 조선의용대를 창설한 곳은 지금의 후베이성 총공회 자리로 추정한다. 검색을 통해 쉽게 찾아볼 수 있는 조선의용대 창설 기념 단체사진이 바로 그곳에서 촬영한 것이다. 조선의용대 다섯 글자의 자모를 나열해서 만든 군기가 눈에 뜨인다. 대원들에게는 조선의용대라는 다섯 한자와 Korean Volunteer라는 영문이 새겨진 배지를 나눠주었다.

 10월 13일에는 조선의용대 창설 경축행사가 열렸다. 지금의 우한시 리황포로^{黎黃坡路}와 중산대도^{中山大道}가 만나는 곳에 있는 기독교청년회(YMCA) 한커우 구지이다. 당시 2층에는 대연회장이 있었다. 지금은 상가건물이다. 리황포로는 1897년 러시아 조계가 되었다. 지금은 우한시 정부가 기독청년회 구지를 포함해 근현대사를 상기해주는 서구풍의 건물 16동을 묶어 리황포로 가두^{街頭} 박물관으로 지정하고 있다. 리황포로가 중산대로와 만나는 코너에는 가두박물관 표지가 세워져 있다.

 우한에서는 영화《밀정》을 기획했던 이진숙(영화사 하얼빈 대표) 씨가 동행했는데, 지칭리^{積庆里}란 곳에 일본군 위안소 자리가 남아 있으니 찾아보자고 제안했다. 우한시 중산대도 708호에는 제1차 국공합작 시기의 국민당 정부 청사가 남아 있는데, 일본군이 우한을 점령했을 당시 사령부로 사용했던 곳이다. 이 사령부 바로 후면이 지칭리^{積庆里}이다. 지금도 낡은 2층 건물이 촘촘하고, 머리 위로 빨랫줄과 전깃줄과 통신케이블이 뒤엉켜 있는 어지러운 골목이다.

 지칭리는 군위안부 피해자 하상복 할머니가 짐승 같은 성노예 생활을 강요당했던 곳이다. 지금도 당시의 건물들과 골목들이 바뀌지 않고 그대로이다. 일본군 성노예로 끌려온 당시의 조선인 여성들을 상상하면서 지칭리 골목을 천천히 걸어보자. 지칭리 20호라는 주소가 보이거든 그 앞에서 잠시 걸음을 멈춰보자. 그곳이

바로 하상숙 할머니가 극악한 국가폭력에 짓밟힌 채 죽지 못해 살던 곳이다. 할머니는 일제 패망 후에도 귀국을 못하고 그곳에 눌러 살았다. 하상숙 할머니는 2016년 낙상하여 크게 다친 뒤 한국으로 이송하여 치료받고 생활하다가 2017년 8월에 돌아가셨다.

조선의용대는 창설 직후 중화민국 군대의 우한 방어전에 참여했다. 중국군의 열세로 우한이 일본군에 함락되자 조선의용대 본부는 중국 중앙군의 이동로를 따라 광시좡족자치구의 구이린桂林으로 이동했다. 그 다음해인 1940년 3월에는 중국의 전시 수도가 된 충칭으로 다시 이전했다.

구이린에서 김원봉과 조선의용대 본부가 자리 잡았던 지점은 당시 주소로는 둥닝가 1호인데, 1959년 칠성공원七星公园이 조성되면서 당시의 모습은 완전히 없어졌다.

장제스의 중국 정부가 일본군의 공세에 밀려 충칭으로 이동하자 김원봉도 임시정부도 충칭으로 이동했고 이곳에서 해방을 맞았다. 충칭에서 김원봉이 거주하던 집도 찾아볼 수 있다. 다포돤정가大佛段正街 172호. 내가 찾아가보니 한 칸짜리 상가 주택이었다. 약방 간판이 붙어 있지만 과일가게이다. 장사하는 아주머니에게 이곳에 1940년대 해방 전까지 한국인 혁명가가 살았다는 이야기를 건넸다. 과일 두 봉지를 사면서 나중에라도 한국인이 찾아와 기웃거리면 그 혁명가를 찾아온 한국인인 줄 알아달라는 부탁을 하고 돌아섰다.

김원봉의 거주지와 멀지 않은 창강의 강변에 조선의용대 본부가 있었다. 차오톈먼대교朝天门大桥와 다포쓰대교大佛寺大桥의 중간으로 창강의 동안이다. 지금은 큰 공사 중이라 당시의 흔적은커녕 접근도 할 수 없었다.

김원봉은 대중적으로는 《암살》과 《밀정》이라는 영화 두 편을 통해 되살아났다고 해도 과언이 아니다. 두 영화의 스토리를 받쳐 주는 역사적 사실이 의열단이었고, 두 편 모두 김원봉이 특별출연을 했다. 그 동안은 역사 연구자의 논문에서 또는 역사에 관심이 많은 사람들의 머릿속에서만 존재하다가 지금은 대중에게도 친근한 역사인물이 되었다. 진즉에 그리 되었어야 할 인물이다.

김원봉은 우리에게 어떤 존재인가. 그가 자신의 시대를 어떻게 살았는지만으로도 우리 근현대사에 큰 의미가 있는 인물이다. 김원봉의 구체적인 발상법이나 태도에서도 배울 것이 많다. 내게는 21세기 대한민국에 던지는 '김원봉 메시지'가 더 의미 있다고 생각한다. 1차 세계대전 전승국들이 한가롭게 식민지 조선의 독립을 도와줄 리 없다는 국제정세에 대한 김원봉의 냉철한 판단은 100년 전이나 지금이나 똑같이 유효하기 때문이다. 미국이 동맹이니 도와줄 것이라든지, 중국이 대국인데 그러면 되겠느냐는 식의 안이한 태도로는 이 험한 강대국의 틈바구니에서 살아남기도 힘들다.

독립이란 공동체의 명분과 이익을 위해, 상호 갈등하는 이념들을 어떤 태도로 어떤 넓이로 수용할 것인가는 지금의 우리에게도 중차대한 시대 과제다. 이런 면에서도 김원봉은 깊이 음미하고 살펴볼 가치가 있다. 그는 민족을 앞세워 자신이 용인하는 이념의 폭을 넓히고 많은 사람들을 받아들였다. 이념이 다양한 견해의 다른 표현이라 한다면 김원봉이 품어 들였던 이념의 폭은 바로 우리가 궁극으로 지향하는 통일과도 거의 일치하는 게 아닐까.

김원봉을 죽음으로 몰아간 북한에서도, 그에게 월북이란 멍에를 씌워 역사에서 배제해온 남한에서도 김원봉은 이념이 문제였다고 강변한다. 그러나 아니다. 그것은 김원봉에 대한 권력자들의 견제와 탄압이었을 뿐이다. 이념이 문제가 아니고 극단의 권력욕이 문제였다는 게 내 생각이다. 한 발 더 나가자면, 남북 분단의 고통 역시 이념의 문제라기보다는 권력자들의 권력욕이 문제이고, 그 위에 강대국이 제 이익을 강요한 결과라는 게 분단 70년의 교훈이다.

김원봉을 기억하는 사람이 많아졌다는 것은 김원봉 기억의 끝이 아니라 시작이다. 그게 바로 역사를 공부하고 역사의 현장을 찾아가는 이유 아니겠는가.

7
마지막까지 항일전쟁을 치른 독립군

분단의 비극과 권력투쟁에 통곡한 전사들

타이항산

타이항산의 별
조선의용군[*]

타이항산의 별들. 해방과 독립을 위해 일생을 걸었던 조선의용군은 1938년 남의 나라 땅 중국 우한에서 창설되었고 1941년 6월 황하를 건너 타이항산으로 들어가서 중국공산당 팔로군과 합작하여 일본군과 싸웠다. 일제는 패망했다. 그러나 침략자를 패퇴시킨 미소 두 강대국은 점령군이 되어 이들의 귀국을 막아섰다. 4년 뒤에나 북한으로 귀국할 수 있었다. 창설 이후 귀국까지, 독립운동의 무장대오로서 결집력이든 규모에서든 연속성에서든 최고의 부대였다. 그러나 좌우갈등과 남북분단의 대혼란에서 이들은 북한 인민군의 핵심 간부가 되어 동족상잔의 한복판에 섰다. 그들이 바라던 조국의 해방은 반쪽으로 끝났다. 그러고도 북에서는 정적이라 숙청됐고 남에서는 적군이라고 삭제됐다.

내가 어려서 배운 역사에서는 아예 등장하지도 않았다. 젊어서는 얼핏 귀에 스치는 것이 없지 않았지만 오십 줄을 훨씬 넘겨서야 제대로 알게 됐다. 나는 그들의 흔적을 찾아 중국행 비행기를 네댓 번이나 탔다. 길을 나설 때마다 설레었다. 답사현장에서는 그때의 울림들이 온몸으로 전해오는 듯했다.

그러나 긴 답사여행을 마치고 글과 사진으로 정리하는 지금의 심경은, 복잡 그 자체이다. 돌이킬 수 없는 역사가 당혹스럽고 안타깝고 먹먹하기만 하다. 복잡한 심경에 부대끼다가 1년 2개월 만에 타이항산을 다시 찾았다. 그들의 무덤은 일 년 전, 아니 수십 년 전 그대로였다. 다만 한 해 한 해가 가면서 조국의 남쪽에서 그들을 기억하는 사람들이 조금씩 늘어갔다. 나도 그 가운데 한 사람이다. 역사는 오늘에 두 발을 딛고 기억해내는 의식적 사고로서 '오늘의 어제'다. 첫 답사여행의 기억을 좇아 다시 거슬러 오른다.

김원봉은 최근 영화《암살》과《밀정》을 통해 '김원봉, 의열단'과 같은 연관 검색어로 되살아났다고 해도 과언은 아니다. 그러나 김원봉의 가장 큰 업적은 조선의용대(1942년 7월 조선의용군으로 개칭)이다. 조선의용군의 흔적은 중국 허베이성의 타이항산에 많이 남아 있다. 창설 당시 조선의용대를 조선의용군으로 개칭한 것도, 일본군과 치열한 전투를 벌였던 곳도 그곳이다. 일본군 점령지역을 드나들면서 지하 활동을 전개하던 것도 타이항산이 중심이었다.

타이항산은 베이징의 시산西山에서 시작해 허난성과 산시성의 경계에 걸친 위우산王屋山까지 남북 400여 킬로미터에 달하는 산맥이다. 산세가 웅장하고 계곡이 깊어 중국의 북방 산수화는 타이항산에서 태어났다고 할 정도로 절경이 많다. 타이항산의 서쪽으로는 해발

800미터 이상의 황토고원이 시작되고, 동쪽은 해발 평균 50미터의 화북평원이 펼쳐진다. 이 산의 동쪽이 산동이고 서쪽이 산서다.

아직은 추위가 남아 있던 겨울 끝자락에 상하이를 거쳐 항공편으로 허베이성 수도 스자좡石家庄으로 갔다. 스자좡은 천지가 뿌연 곳이다. 중국에서도 공기가 가장 나쁘다고 꼽히는 도시이다. 자연이 만들어내는 연무와 사람이 만들어낸 오염이 뒤섞인 스모그가 역사를 덮은 느낌이다.

스자좡에서 택시를 하루 전세 냈다. 차는 출발했으나 시야는 좋지 않았다. 차내에 부착된 운행허가증의 두 글자가 눈에 끌렸다. 회사 이름이 '윤태공사尹泰公司', 내 성과 돌림자를 이렇게 만나다니. 우연인지라 더 반갑다. 우선 짠황현贊皇縣 황베이핑촌黃北坪村에 있는 조선의용군 네 전사의 무덤을 찾아보고, 그들이 전사한 위안스현元氏縣 후자좡촌胡家庄村을 들러서 돌아오기로 했다.

황베이핑촌은 도로변에 커다란 바위로 마을 표지를 세워놓아 쉽게 찾았다. 이 마을 뒷산 어디엔가 네 전사의 무덤이 있다는 것이다. 마을 입구에서 마주친 두 아주머니에게 길을 물었다. 답변이 참 친절했다. 마을 한복판을 통과해서 뒷산 쪽에 차를 세우고는 조금 걸어 올라갔다. 낮은 능선 위로 베이지색 정자와 비석들이 보였다. 전망 좋은 자리라서 산 아래를 내려 보는 기분이 시원했다.

네 개의 무덤 앞에 두 개의 비석이 세워져 있었다. 오른쪽에는 〈조선의용군 타이항산 지구 항일전 순국선열 기념비〉라고, 왼쪽은 〈국가안위 노심초사, 전사불망 후사지사, 한중우의 영원무궁〉이라고 새겨진 비석이다.

기념비 뒷면의 비명이 경위를 설명해주고 있었다.

조선의용군은 1938년 중국 우한에서 의병 독립군 의열단의 정신을 계승하여 창군된 독립군으로서…… 중국 군민과 연합하여 항일전을 전개, 다대한 전과를 거양하였으나 희생 또한 컸습니다. ……석정 윤세주, 진광화 선열 및 중국 팔로군 전선총참모장 좌권 장군…… 베이징 일본군 헌병대에서 소위 군사정보 정탐 죄목으로 순국한 이원대…… 등 금일의 대한민국과 중국의 관계를 있게 한 선열의 공훈을 기리고 한중 우의 증진을 위해 대한민국 국가보훈처의 지원으로 이곳 황베이핑촌에 안장된 박철동, 이정순, 손일봉, 최철호 선열의 묘소를 새로운 장소로 천묘 단장하고 본 기념비를 건립하는 바이다.

2002년 12월 26일
대한민국 순국선열 유족회
중국 짠황현 황베이핑촌 인민정부

네 기의 무덤마다 묘비에 그들의 일생이 간략하게 기록돼 있다. 최철호는 "1935년 중국 망명, 1938년 조선의용군 창군요원으로 참여. 1941년 12월 26일 허베이성 싱타이^{邢台} 지구의 대일전투에서…… 장렬히 전사 순국. 1993년 대한민국 건국훈장 애국장 추서"라고 씌어 있다. 이정순은 "1933년 망명. 의열단 간부학교 2기생으로 졸업. 1938년 조선의용군 창군요원으로 참여", 손일봉은 "1931년 망명. 윤봉길 투탄 의거 공모자의 1인으로 활동. 1940년 민족혁명당원으로 조선의용군에 입대", 박철동은 "1931년 망명. 1935년 조선민족혁명당에 가입하여 같은 해 푸젠성 취안저우에서 일본군에 체포되어 일본에서 3년간 옥살이. 옥살이 후에 다시 중국으로 망명. 1939년 조선의용군에 입대. 1941년 12월 12일 후자 좡 전투에서 26세의 젊은 나이로 장렬히 순국"이라 기록되어 있다. 소박하게 음각으로 새겨진 글자마다 정성이 담겨 있고, 그 위에 쌓인 흙먼지가 세월을 말해주고 있다.

이들이 전사한 곳은 후자좡촌胡家庄村이다. 무덤에서 직선으로 27킬로미터이지만 차량으로 이동하자면 55킬로미터나 가야 한다. 산을 몇 개나 넘어야 한다. 당시 무장선전 공작에 나섰던 조선의용대와 팔로군이, 중국인 밀정이 밀고하는 바람에 일본군에게 포위를 당했다. 새벽에 격렬한 전투가 벌어졌지만 포위를 뚫고 추격을 뿌리쳤다. 그러나 넷이 전사했다. 일본군이 물러가자 주민들이 시신을 수습해서 타이항산 깊은 곳의 팔로군에게 전해주려고 길을 나섰다. 그러나 곳곳에서 전투가 벌어지는 통에 이곳 황베이핑촌에서 멈추고는 매장했다. 후자좡 전투는 중국의 소학교 교과서에도 실렸던 영웅적인 전투였다. 그 후 도로공사로 인해 이장을 하게 됐는데 마을 주민 한 사람이 자기 땅을 내주었다. 그게 바로 지금의 무덤이다.

당시 이 지역은 중국공산당 팔로군이 일본군과 맞선 최전선이었다. 도시는 일본군이 장악했고 산악과 농촌에서는 팔로군이 유격전을 벌였다. 사정이 이러하니 주야로 양측의 군대가 들고나는 일이 비일비재했다. 이런 전선에서 네 구의 시신을 수습해 산을 몇 개씩 넘은 것만도 대단한 일이었다. 그만큼 팔로군과 조선의용대는 현지인들의 마음을 얻고 있었던 것이다.

찬찬히 둘러보고는 차를 돌려 후자좡촌으로 갔다. 해는 중천에 떠 있었으나 안개비가 햇빛을 가렸다. 안개 때문에 속도를 낮추고 한 시간 넘게 가야 했다. 후자좡촌은 타이항산 능선을 향해 서쪽으로 가파르게 올라가는 산길에 있었다. 후자좡촌 전투기념비도 도로 옆에 설치돼 있어서 찾기는 쉬웠다.

세 개의 비가 세워져 있었다. 하나는 후자좡전투기념비이고, 좌우로 두 개는 김학철과 김사량의 문학기념비였다.

전투기념비는 위안스현 인민정부가 2005년에 세운 것이다. 비명은 중국어와 한글 두 가지로 쓰여 있었다.

1941년 12월 12일
새벽 일본군의 기습 포위공격
어둑한 골짜기, 자욱한 총소리
그날, 조선의용군 네 전사
그들을 구하려던 팔로군 열두 청년
이곳에서 전사하였거니
이 보리밭 머리에
태항산의 돌을 깎아 비를 세우노라.

위안스현 인민정부, 중국 옌볜작가협회, 한국 실천문학사 김영현
2005년 8월 5일

그 옆에 김학철 문학기념비가 있었다.

"밤소나기 퍼붓는 령마루에서 래일 솟을 태양을 우리는 본다."
1941년 12월 12일 이곳 호가장에서 일본군과 교전 중 김학철은 다리에 총탄을 맞고 일본으로 압송, 나가사끼 형무소에서 3년 6

개월 옥살이를 하게 된다.

　김학철(1916~2001) 조선 원산 출생. 중국황포군관학교 졸업, 중공당원, 조선의용군 최후의 분대장으로 《격정시대》, 《최후의 분대장》, 《20세기의 신화》 등을 남겼다.

김학철은 이곳에서 중상을 입고 일본군의 포로가 되었다. 일본으로 끌려가 재판을 받고 복역하다가 일제가 패망해서야 석방되었다. 감옥에 갇혀 있을 때 총상을 당한 허벅지를 제대로 치료하지 못해 다리를 절단했다. 외다리로 귀국한 것이다. 그는 옌볜에서 작가로 활동했다. 김일성뿐 아니라 마오쩌둥의 독재에 강력하게 반대했다. 그로 인해 큰 고초를 겪었다. 훗날 그가 남긴 회고록 《최후의 분대장》은 우리나라에서도 출간됐다.

또 하나의 문학비는 김사량이다. 김사량은 일본군에 보도반으로 끌려 왔다가 탈출하여 팔로군 지역에 들어가 조선의용군에 합류한 청년 문학가이다.

"29용사가 서로 엄호해가며 내달려 올라가 진지를 잡았다는 호사산은 말이 없고 이끼 앉은 바위에는 낙엽만이 쌓여 있었다."
　1945년 5월 김사량은 이곳에서 희생된 조선의용군 용사를 위하여 노마만리駑馬萬里를 써내려간다.
　김사량(1914~1950) 평양출생 일본 동경대 졸업, 1945년 타이항산에서 항일활동. 《노마만리》, 《태백산맥》, 《풍상》 등을 남겼다.

1938년 10월 10일 이곳에서 800킬로미터나 떨어진 우한에서 창설된 조선의용대는 왜 이곳에서 전투를 하게 됐을까. 조선의용대는 총대장을 김원봉으로 하여 100여 명의 대원으로 창설됐다. 조선의용대는 중국 관내의 독립운동단체 가운데 중도와 좌파를 거의 망라한 조선민족전선연맹 휘하의 무장대오였다. 지휘권은 조선의용대 지도위원회에 있었다. 지도위원회는 중화민국 군사위원회 정치부에서 관할했다. 위원은 조선인 중국인 각 4인과 군사위 정치부 주임을 합쳐 9인으로 구성되었다. 위원 구성만 보아도 한중연합 군사대오다. 자금과 무기는 중국이 제공했고 운영은 조선인들이 하면서, 일본 제국주의에 대항하여 중국군과 합동작전을 펼치는 군대로 창설됐다. 요즘 말로 하면 남의 나라에서 남의 나라 돈과 무기로 창설한 군대지만 전시작전권을 포함한 지도권은 공동운영이었다.

지도위원회의 조선인 4인은 조선민족전선연맹을 구성한 네 단체의 대표자들이었다. 김원봉(민족혁명당), 김성숙(조선민족해방동맹), 유자명(조선혁명자연맹, 무정부주의자 단체), 김학무(조선청년전위동맹)가 그들이다. 이 가운데 조선청년전위동맹은 국내에서 조선공산당 운동으로 투옥되었다가 중국으로 망명해온 최창익(1896~1957), 허정숙, 한빈 등이 주도하는 젊은 공산주의자 그룹이었다. 이들은 처음에는 자기 조직을 비밀로 한 채 김원봉의 민족혁명당에 개인으로 입당했으나 당 지도부와 이견을 빚고 탈당했다. 얼마 후에 전위동맹이란 단체를 공개하고 연맹의 회원단체로 다시 가입한 것이다.

민족혁명당은 1935년 7월 난징에서 좌우합작으로 탄생한 정당이다. 처음에는 의열단과 조선혁명당, 한국독립당, 신한독립당, 대한독립단 등 다섯 개 단체가 기존 조직을 모두 해산하고 새로 창설했다. 그러나 김원봉과 의열단 출신을 중심으로 당이 운영되고 사회주의와 공산주의 운동가들도 받아들이자 이에 반발하여 조소앙, 홍진, 이청천 등이 자기 계파원을 이끌고 각각 탈당했다. 이리하여 민족혁명당은 좌우합작의 성과이면서도 김원봉 의열단의 후신으로 간주되곤 한다.

1930년대 중후반 중화민국 관내의 조선 독립운동은 김구를 중심으로 하는 민족주의 계열의 임시정부와 김원봉을 수장으로 중도와 좌파에 걸쳤던 민족혁명당이 가장 큰 두 기둥이었다.

조선의용대는 창설 이후 1940년 말까지 중화민국과 합의한 대로 분대급으로 나누어 중국군의 각 전구에 배치되었다. 핵심 임무는 최전선의 정치선전이었다. 1937년 중일전쟁이 발발하면서 장제스는 동원할 수 있는 모든 것을 동원해야 했다. 공산당 박멸에 몰두하던 국민당 정부는 시안사변을 거쳐 제2차 국공합작을 했다. 합작 결과로 공산당의 홍군은 장제스 총사령관 휘하의 팔로군으로 개편되었다. 그러나 '평등합작 통일영도'라는 원칙에 따라 독자성을 인정받고 있었다. 장제스는 2,300만 조선인들을 항일전선의 동지로 끌어들이는 명분도 획득하는 동시에 관내 조선인들의 역량을 항일전선에 동원하고자 했다. 조선인 독립운동가들은 기율이 엄정하고 학식도 높았다. 조선의용대는 대원들의 일본어 능력을 활용하여 대일 대중 대조선인 정치선전에 나섰다. 당시 중국군에서는 고질적인 병역비리 탓에 일본어를 할 수 있는 고급인력은 대부분 후방으로 빠져 있거나 아예 징집을 기피했다. 그래서 최전선에서 조선의용대의 일어 능력은 더욱 빛을 발했다.

그러나 조선의용대는 전투부대가 되어 화북을 거쳐 만주로 북상하고 싶어 했다. 이를 동북노선이라 한다. 화북과 만주로 갈수록 조선인이 많았고 그들을 기반으로 병력을 확대하여 일본군을 격파하며 조국으로 진군하자는 것이다. 그런데 관내의 화중, 화남에서 정치선전에만 투입되자 의욕은 쇠퇴했고 장제스의 항일의지에 대해서도 회의하기 시작했다. 게다가 국민당과 공산당의 합작에 문제가 발생하기 시작했다. 독일, 이탈리아, 일본이 삼국동맹을 맺자 미국과 영국이 중국을 끌어당겼고, 국민당 정부는 미국과 영국의 후원에 기대면서 반공으로 다시 우경화하기 시작했다. 충칭에서는 공산당에 대한 견제가 암암리에 벌어지기 시작했다. 이런 분위기 속에서 중도와 좌파를 아우른 조선의용대를 국민당 지구에 그냥 두기도 불안한 상황이 된 것이다. 국공합작이 깨지는 순간 국민당에 충성맹세를 하지 않은 진보적 인사들은 도륙을 당할 위험이 있었다. 1927년 4월 장제스가 쿠데타를 일으켜 제1차 국공합작을 깼을 때 적지 않은 조선의 혁명가들이 죽임을 당했던 것을 대원들은 잘 알고 있었다.

조선의용대 내부에서 전위동맹 대원들이 동북노선을 다시 촉구했고, 김원봉은 결국 조선의용대 주력이 비밀리에 북상하는 것을 승인했다. 김원봉과 본대는 충칭에 그대로 남기로 했다. 각 지역에 분산되어 있던 조선의용대는 1941년 초부터 뤄양洛阳으로 집결하기 시작했다. 국민당 군대에 들키지 않고 팔로군 지역으로 넘어가는 것은 쉬운 일이 아니었다. 조선의용대 주력 80여 명은 그해 6월 무사히 황하를 건너 타이항산의 팔로군 지역으로 진입하는데 성공했다. 조선의용대 일부 30여 명은 최창익의 주도 아래 이미 1939년 옌안을 거쳐 타이항산 지역에 와 있었다. 중국공산당은 조선의용대를 자신들의 중요한 국제정치적 자산으로 생각하고 이들을 끌어당기는 데 상당히 공을 들였다. 충칭에서 저우언라이는 조선의용대의 북상을 김원봉에게 적극 설득하기도 했다.

　조선의용대는 이곳에서 40일 간의 대토론을 거쳐 1941년 7월 조선의용대의 1구대 2구대를 화북지대로 개편했다. 조선의용대가 충칭의 본대 지휘를 받는 형식은 유지했지만 실질적인 주도권이 김원봉에서 진광화, 최창익 등 사회주의 운동가로 넘어가는 시기였다.

　1942년까지 무장선전과 치열한 전투 그리고 일본군 지역에서 조선인 지하조직 활동을 전개했다. 무장선전 수행 중에 바로 이들 4인이 전사하고 김학철이 부상당한 후자좡 전투가 발생했던 것이다.

　1942년 5월 일본군이 팔로군에 대해 대대적인 공격을 벌이는 가운데 조선의용대를 포함한 팔로군 지휘부가 포위되는 심각한 상황이 발생했다. 이때 조선의용대가 자발적으로 앞장서서 치열한 전투 끝에 탈출로를 뚫었다. 그러나 팔로군 참모장 쭤취안左权과 조선의용대 진광화, 윤세주가 전사했다. 팔로군은 이들에 대해 성대한 추모대회를 열었다.

　두 사람의 묘는 허베이성 한단시邯鄲市 진기로예晋冀魯豫 열사릉원에 있다. 진기로예는 산시, 허베이, 산둥, 허난 네 성의 약칭을 합친 것이다. 스자좡에서 한단까지는 고속열차로 이동했다. 시속 300킬로미터로 달리니 삼십 분 조금 넘어 도착했다. 겨울비가 추적추적 내리는 한단, 어둑해지는 시간이었으나 숙소에 배낭을 던져놓고 바로 열사릉원을 찾았다. 마오쩌둥의 신중국이 1950년 처음으로 개장한 대형 열사릉원이다.

　진기로예 열사능원은 남원과 북원 두 구역으로 나뉘어 있다. 북원에는 이 열사릉원의 주인공 격인 쭤취안 팔로군 총참모장의 기념관과 묘가 있다. 쭤취안 묘 양옆으로 잘 꾸며진 여섯 기의 묘가 있는

데 그 가운데 하나가 바로 진광화(1911~1942)이다. 상당한 대우를 받고 있는 게 한 눈에 들어온다. 묘비명에는 김창화라는 본명으로 시작해 서른두 살에 전사한 젊은이의 일생을 기록하고 있다.

> 원명 김창화, 평안남도 대동군 1911년 출생, 1931년 국내에서 중학교를 졸업하고 반일 정열로 중국에 유학, 1937년 광저우에서 중산대학 교육계를 졸업했다. 한국국민당 조선청년전위단과 중국청년항일동맹에 참가했고, 1936년에 중국공산당에 참가했다. 38년에 화북 타이항산 항일근거지에서 중공 북방국 진기로예구 당부에서 중요한 업무를 맡았다. 1941년 화북조선청년연합회를 창설하고 영도했고 1942년 5월 28일 타이항산 반소탕전에서 산시성 벤청 화위산花玉山에서 장렬하게 전사했다. 진기로예 변구의 당정군민과 조선독립동맹 조선의용군 화북지대는 열사의 공적을 기억하면서 묘를 쌓고 비를 세우고 잊지 않고자 한다.
>
> 중화민국 31년 10월 10일

진광화는 조선의용대가 북상하여 팔로군 지역으로 들어온 다음 조선의용대에 합류하여 정치위원이 되었다. 그런 와중에 1942년의 일본군과 전투에서 전사한 것이다.

윤세주(1900~1942)의 묘는 진기로예 열사릉원의 남원에 있는 인민해방군 열사묘역에 있다. 가로 1미터 정도 되는 비에, 세로 3미터는 됨직한 석판으로 덮은 묘 역시 예사롭지 않다.

윤세주는 김원봉과는 생가부터가 앞뒷집인 고향 형제와 같은 사이였다. 둘 다 의열단 창단에 참여했다. 윤세주는 창단 직후 폭탄을 국내로 반입하다가 검거되는 바람에 수년간 옥고를 치렀다. 출옥 후에 국내에서 활동하다가 1932년 이육사와 함께 난징으로 가서 김원봉의 조선혁명군사정치간부학교 1기로 교육을 받았다. 육사는 국내에서 지하활동을 하기로 하고 귀국했고, 윤세주는 난징에 남아서 군정학교 2기의 교관을 맡았다. 이후 민족혁명당을 거쳐 조선의용대에 이르기까지 김원봉의 복심이라 할 정도로 앞장서서 활동했다. 어느 학자는 윤세주를 '조선의용대의 영혼'이라고 부르기도 한다.

열사릉원의 기념관에도 두 사람의 이름이 보인다. 반소탕전에 희생된 간부들을 소개하면서 '걸출한 국제주의 전사'라는 제목으로 두 사람의 전사 경위를 자세하게 전하고 있다.

나는 다시 길을 이어갔다. 한단시에서 버스를 타고 서쪽으로 80여 킬로미터를 가면 서현涉县이다. 이 서현에서 북북서 방향의 산시성 쭤취안현左权县(팔로군 총참모장 쭤취안을 추모해서 그의 이름으로 개칭한 지명)으로 가는 213번 성도를 따라 가면 팔로군과 조선의용군의 사적지들을 연이어 만날 수 있다. 조선의용군 주둔지 두 곳과 군정학교 유지 그리고 팔로군의 총부 기념관과 129사단 구지 등이다.

윤세주와 진광화가 전사한 곳을 먼저 찾아가기로 했다. 두 사람이 전사한 곳은 헤이룽동黑龙洞과 쟝쯔령庄子岭이라고 하는 타이항산의 깊고 깊은 산골이다.

1942년 봄 일본군은 황협군(일본의 중국 괴뢰정부 군대)과 함께 대대적인 팔로군 소탕전을 벌였다. 일본군은 213번 성도를 따라 남진하면서 5월 24일 마톈麻田에 있는 팔로군 총사령부를 삼면에서 포

위했다. 팔로군 총사령부는 뤄루이칭^{罗瑞卿}이 지휘하는 경위부대 이외에는 비무장이었다. 조선의용대도 마톈에 가까운 윈터우디촌^{云头底村}에 100여 명의 전투원과 40여 명의 비전투원이 집결하여 팔로군 총사령부와 함께 동남쪽의 펜청^{偏城} 방향으로 철수했다. 그러나 폭격기까지 동원한 일본군의 추격으로 팔로군 총사령부가 몰살당할 위기에 처했다. 이때 조선의용대의 박효삼 지대장이 뤄루이칭에게 전투에 동참하겠다고 나섰다. 조선의용대는 서쪽에서, 경위부대는 동쪽에서 각각 고지를 점령하여 적을 막고 비무장 대오를 이동시켰다.

쭤취안 팔로군 총참모장이 스쯔령^{十字岭}이란 산등성이에서 폭격을 당해 전사했다. 계속 탈출로를 열어가던 두 전투부대는 헤이룽둥에서 일본군과 조우해 치열한 전투를 벌였다. 조선의용대는 조선인 비전투원 대오를 호위하고 펜청 북동쪽의 화위산^{花玉山}에 도착했다. 여기서부터 4개 조로 나누어 움직이기로 했다.

5월 28일 아침 윤세주, 진광화, 최채 세 사람은 김두봉과 여성 대원 등 자기 조의 비무장 인원을 숲에 숨기고 적정을 살피다가 일본군에게 발각되고 말았다. 세 사람은 비무장 인원을 보호하기 위해 숲에서 뛰쳐나와 좡쯔령^{庄子岭}이란 산비탈을 향해 질주했다. 최채는 산비탈 위로, 윤세주는 중턱으로 진광화는 아래로 각각 흩어져 뛰었다. 적의 총격은 분산되고 추격전이 벌어지면서 비무장 대오는 살아날 수 있었다.

그러나 진광화는 총에 맞고 벼랑에서 추락해 전사했다. 윤세주는 허벅지에 총을 맞고 쓰러졌고, 최채는 산 위의 작은 굴에 은신했다. 일본군은 일단 물러났다. 다음날 최채가 중상을 당한 윤세주를 찾아내 좡쯔령의 움집에 뉘었다. 일본군의 수색이 계속되는 바람에 최채는 밤에만 내려와서 윤세주를 간호했으나 별다른 방도가 없었다. 6월 1일 저녁 움집을 다시 찾았을 때 윤세주는 다락밭으로 굴러 떨어진 채 발견되었다. 그렇게 전사한 것이다. 최채는 근처의 마른 땅을 손으로 헤쳐 겨우 매장했다.

나는 서현에서 택시 한 대를 전세 내어 아침에 출발했다. 213번 성도를 타고 북으로 가다가 펜청진偏城镇으로 빠졌다. 그 다음 산길을 넘고 넘어 칭타촌靑塔村을 거쳐 다옌촌大岩村을 지났다. 이곳부터는 차 두 대가 교행하기도 힘든 산길이었다. 그 끝에 다다르면 좡쯔링 풍경구란 허름한 아치가 나온다. 그 안에는 여름에나 피서객 몇몇이 놀러올 것 같은 민박집 몇 개가 있다.

주차장에서부터 걸어서 산의 능선을 타고 올랐다. 이 능선 어디에선가 윤세주가 죽었다. 죽음으로만 말하자면 죽는 시간이 긴 것도 불행이다. 윤세주는 총상을 입고 며칠이나 물 한 모금 제대로 마시지 못하고 고통스러워 하다가 밖으로 기어 나와 다락밭에 떨어져 절명했다. 얼마나 고통스러운 죽음인가. 좡쯔령의 황량한 산길에서 전사 상황을 상상해보면 가슴이 미어진다. 정작 나라를 망쳐서 국권을 잃어버린 자들은 누구이고, 그걸 되찾겠다고 목숨을 던지는 이들은 누구란 말인가.

진광화, 윤세주가 전사하고 그해 7월 조선독립동맹(조선의용대를 지도하는 상급 정치조직, 화북조선청년연합을 확대 개편한 것이다)과 조선의용대가 공동으로 열사추도대회를 열었다. 7월 말에는 중국공산당 중앙이 직접 나서서 조선의용대 열사를 기념토록 하달했다. 이에 따라 9월 18일 타이항산 모처에서는 합동장례식을 치렀고, 다른 지역에서는 열사들의 공적을 보고하고 3분간 묵도를 했다. 이들의 생전 경력과 공적을 학교 교재에 싣고 전사교본을 만들도록 했다.

팔로군 총사령부의 지시로 윤세주, 진광화, 쭤취안, 하윈(신화일보 사장) 등의 유해를 서현 스먼촌石門村의 렌화산蓮花山 중턱에 이장했다. 1942년 10월 10일 안장식 또한 성대하게 치렀다. 이들은 다시 1950년 한단시 진기로예 열사릉원으로 이장됐고, 스먼촌의 묘는 빈 묘가 됐지만 지금도 원래대로 남아 있다. 좡쯔령에서 돌아오는 길에 스먼촌을 들러 진광화, 윤세주의 구묘를 찾았다. 석판으로 만든 묘가 특이하다.

다음날은 서현의 남쪽 우즈산五指山으로 갔다. 이곳 역시 타이항산의 일부이고 풍경구가 조성돼 있다. 풍경구 안에 조선의용군 구지가 있다. 중국의 인민해방군 군가를 작곡한 정율성의 고거도 있다. 진열관에는 정율성이 자세하게 소개돼 있다. 타이항산의 조선의용군 유적지를 답사한 베이징의 한국 유학생 단체 사진도 전시돼 있어 당시의 항일 공동전선과 오늘의 한중문화교류를 한꺼번에 보여주고 있다. 윤세주와 김원봉의 고향인 밀양시는 한단시와 자매결연을 맺고 매년 답사단을 보낸다. 이들 답사단 사진도 눈에 띄었다.

우즈산 가는 길에 난좡南庄이란 마을이 있다. 마을 중앙 광장에는 중조우의기념대라는 무대도 설치돼 있다. 이곳에 있는 유치원은 당시 조선군정학교가 있었던 자리다. 지금도 그 건물에는 군정학교 구지라는 작은 표지가 부착되어 있다. 조선의용군 총부와 조선독립동맹이 이 마을에 있었고 무정(본명 김무정, 1905~1952)이 거주하던 집도 있다.

난좡촌에 있는 무정의 고거는 조선의용군의 중요한 역사를 전

해준다. 조선의용군이란 명칭은 1942년 7월부터 사용했다. 이전에는 조선의용대였다. 대에 비해 군은 크게 확대된 명칭이다. 여기에는 명칭 상의 확대 이상의 커다란 변화가 함께 담겨 있다. 1938년 조선의용대가 처음 창설될 때에는 말하자면 '김원봉의 조선의용대'였다. 이때 김원봉 이외에 영향력이 있는 또 한 사람이 최창익이었다. 조선의용대를 창설할 때 본대와 1구대 2구대로 편성했는데, 2구대 41명은 최창익의 조선청년전위연맹 대원들을 중심으로 구성한 것이다. 최창익은 1939년 일부 의용대원을 이끌고 국민당 지구를 벗어나 옌안으로 갔다. 그들은 옌안의 항일군정대학을 거쳐서 1940년 초에 이미 타이항산에 와 있었다. 이들이 1941년 6월 황하를 건너 북상해온 조선의용대 주력을 맞이한 셈이다.

조선의용대 대원들은 최창익이 주도하여 세운 화북조선청년연합회에 가입하고, 40일간의 대토론을 거쳐 조선의용대의 위상을 화북조선청년연합회의 행동대라고 정했다. 1, 2, 3지대로 되어 있던 편제를 조선의용대 화북지대로 통합 개편했다. 이때만 해도 조선의용대 본대는 충칭에 있었고 총대장인 김원봉의 지휘를 받는 것으로 형식상의 연결은 갖고 있었다. 김원봉의 복심이라고도 하는 윤세주와 같은 '김원봉의 사람'들이 적지 않았지만 리더십 차원에서는 '최창익의 조선의용대'로 전환하기 시작한 것이다.

타이항산 지역에서 1년 넘게 팔로군과 합작해서 무장선전 투쟁과 일본군 점령지역에서의 지하 활동을 활발하게 벌이던 조선의용대는 화북조선청년연합회가 화북조선독립동맹으로 개편하면서 1942년 7월 화북조선독립동맹의 무장대오라고 공식 선언했다. 이때 조선의용대를 조선의용군으로 개칭한 것이다. 김원봉의 복심이라는 윤세주도 이미 전사했으니 김원봉의 영향력은 물론 기존 충칭의 본대와 갖고 있던 형식적 관계도 단절된 것이다.

1943년 또 한 차례의 질적 변화가 있었다. 중국공산당은 조선의용군을 자신들의 중국혁명을 위한 귀중한 국제정치 자산으로 여기고 있었다. 그들은 자신들이 가장 신뢰할 수 있는 '대장정의 동지' 무정을 타이항산에 보냈다. 무정은 조선의용군을 이끌고 조선혁명에 전념하기 위해 1942년 8월 팔로군 포병 연대장직을 사임하고 옌안에서 타이항산으로 이동했다. 그는 1943년 이른바 중국공산당의 정풍운동을 독립동맹과 조선의용군에 적용하여 조선민족전선연맹 이전부터 이어져온 최창익의 영향력을 배제하기 시작했다. 조선독립동맹의 조선의용군이란 지위를 중국공산당이 주도한 동방각민족반파시스트동맹(반파쇼대동맹)의 무장대오로 변경하여 조선의용군에 대한 지휘권도 중국공산당이 주도하는 것으로 변경해버렸다. 김원봉에서 최창익을 거쳐 이제는 '무정의 조선의용군'으로 전환한 셈이다. 그 무정이 살던 집이 난좡에 남아 있는 것이다.

서현에서 213번 성도를 타고 북으로 33킬로미터 정도 가면 허베이성을 벗어나 산시성 쭤취안현의 윈터우디촌云头底村이 있다. 조선의용군 화북지대가 머물렀던 곳이다. 마을 입구에 2002년에 세운 〈조선의용군 타이항산지구 항일전 순국 선열전적비〉가 있다. 대한민국순국선열유족회와 쭤취안현 인민정부가 공동으로 세운 것이다. 대한민국과 중국의 국기도 함께 새겨져 있다. 한국전쟁의 적국이 21세기에는 20세기 전반 공유했던 항일투쟁사를 기리면서 국기를 나란히 하고 있는 것이다.

마을 입구에 조선의용군 구지가 있다. 허름한 민가 한 채다. 구지라고 하지만 특별한 전시물이 있는 것은 아니다. 한 할머니가 열쇠를 갖고 있어 관람객이 오면 문을 열어주는 정도다. 막상 시골집 중앙의 정방에는 재신을 모시고 있으니 문패만 조선의용군이고 내용물은 서낭당이라고나 할까.

윈터우디촌 남쪽 끝으로 가면 담장에 조선의용군 시절 담장에 써놓았던 우리말 구호가 아직도 남아 있다. 새로 덧칠을 해서 선명했다. 우에서 좌로 가는 횡서로 써놓은 터라 뒤집힌 것 같아 보이지만 당시의 작풍이 느껴지기도 한다. "조선말을 자유대로 쓰도록 요구하자"는 것도 있고 "왜놈의 상관을 쏴죽이고 총을 메고 조선의용군을 찾아오시오"라는 구호도 있다.

윈터우디촌에서 조금 더 북으로 올라가면 마텐麻田에 팔로군 전선총사령부 구지가 있다. 1941년부터 45년까지 사령부가 있었던 곳을 기념관으로 조성한 것이다. 마텐에서 다시 북쪽으로 15킬로미터 정도 가면 상우촌上武村이 있다. 이곳에도 조선의용군 화북지대 주둔 기념비와 순국선열전적비가 세워져 있다.

1943년 말 조선의용군 주력은 해방에 대비하기 위해 타이항산 지역을 떠나 옌안으로 갔다. 조선독립동맹 역시 1944년 2월 옌안으로 갔다. 1943년 11월 카이로에서 미영중소 4개국 정상은 한반도의 독립을 약속하기에 이른 것이다. 국제정세는 이미 일본의 패망을 예견하고 그에 대한 준비를 시작했다.

당시 조선의용군의 3대 활동은 간부양성, 무장선전, 적구(일본군 점령지역) 조직 활동이었는데, 이제 무장선전을 빼고 해방에 대비한 간부양성과 적구 조직 활동 두 가지에 집중했다. 두 가지 모

두 독립국가 수립을 위한 기반을 다지는 것이었다.

간부양성의 일환으로 타이항산 지역에 조선군정학교가 세워져 운영되고 있었다. 1944년 초에는 옌안으로 옮겨갔다. 이번 답사여행에서 최초의 모티브가 되어 제일 앞머리에 소개한 옌안 뤄자핑의 조선혁명군정학교 표지가 바로 그것이다. 타이항산 지역의 난좡과 산둥성 분교가 있었고, 중국공산당의 신사군新四軍 안에도 군정학교를 개설하여 간부교육을 했다. 이와 함께 기존의 간부에 대한 심사도 강력하게 실행했다. 간부심사란 조선의용군과 조선독립동맹 안에 침투해 있는 일본 밀정을 색출하자는 것이었다. 고통스러운 분반토론과 군중집회를 통해 12명의 밀정을 잡아냈다.

적구공작은 무정의 지휘 아래 화북 각 도시지역에서 전개됐다. 1945년 5월 당시 카이펑, 쉬저우, 지난, 민취안, 청더, 린펀, 위츠, 휘셴, 타이위안, 스자좡, 순더, 신샹 등에 거점이 만들어졌고, 각 거점에 3~4명씩의 비밀요원들이 활동했다. 농촌 지역은 도시보다 더 활발했다. 허베이성 동부의 16개 조선인 농장이 주요한 공작 대상이었다. 만주 쪽으로도 조직을 확대했다. 하얼빈으로 진출했으나 남만주 지역은 성과를 내지 못했다.

1944년 6월 무정은 옛 동지였던 국내의 여운형에게 공작원을 밀파했다. 여운형은 무정의 조선독립동맹과 접촉한 다음에 건국동맹을 조직했다. 무정은 여운형의 건국동맹을 독립동맹의 국내 지부로 간주했던 것으로 보이나 여운형은 독자 조직으로 움직였다. 독립동맹은 국내에 연결하기는 했으나 일본이 예상 밖으로 일찍 항복을 하는 바람에 국내조직을 구축하지 못한 채 일제의 패망을 맞이했다.

일제 패망 이후 조선의용군의 행로는 더욱 복잡한 생각을 하게 한다. 이들은 중국공산당 주더朱德의 6호 공개명령으로 조국을 향한 행군을 시작했다. 옌안 등지에서 출발해 동북으로 진군한 것이다. 이것은 조선의용군의 귀국길인 동시에 중국공산당의 만주 점령 선발대 역할도 겸한 것이다. 1945년 11월 선양에서는 조선의용군 1천여 병력이 집결하고 군인대회를 열기까지 했다.

민간 독립운동 단체인 조선독립동맹은 북한으로 먼저 귀국했으나, 북한을 점령한 소련군은 조선의용군이 개인이 아닌 군대로 귀국하는 것을 제지했다. 귀국길이 막힌 조선의용군은 일단 만주의 조선인 자원자들을 받아들여 병력을 늘려가면서 만주 지역으로 분산 배치됐다. 셋으로 나눠 1지대는 남만주로, 3지대는 북만주 하얼빈으로, 5지대는 동만주 옌볜으로 진출했다. 이들은 만주의 조선인을 보호하면서 국민당 잔당을 소탕하는 전투에 참여했다. 그리고 1946년 2월 동북민주연합군으로 통합하면서 조선의용군이란 명칭은 해소됐다. 1지대는 166사단으로, 3지대는 164사단으로 편성됐다.

조선의용군은 1949년과 1950년 북한으로 입국했다. 이들이 북한으로 들어가자 바로 북한의 주력군이 되었다. 북한 군사력은 한순간에 남한보다 월등해졌다. 그들은 미국이 점령한 남한을 해방한다는 명분으로 '조국해방전쟁'에 나섰고, 그 결과는 민족 최악의 비극인 동족상잔이었다. 그 비극의 북한 쪽 주력이 바로 조선의용군이었으니.

그러나 그들이 미국의 북진을 막는 데는 성공했지만 자신들이 최초 목표로 했던 남조선의 해방은 실패했다. 조선의용군 출신들은 휴전 이후 김일성과 권력투쟁에서 밀렸다. 1956년과 그 이후 거의 대부분이 숙청되어 역사에서 사라졌다. 정율성, 김학철 등 일부는 각자의 개인 연고를 타고 중국으로 돌아가 망명객으로 살아가야 했다.

다시, 심경이 복잡하다. 오늘에 발을 디딘 입장에서 보면 일제 강점기보다 분단과 동족상잔이 더 큰 비극이고 더 큰 고통이 아닌가 싶다. 절대다수의 반일과 소수의 친일 귀족 사이에는 논쟁이라 할 게 없다. 그러나 펄럭이는 이념과 음흉한 권력욕이 뒤섞여 만들어낸 분단과 동족상잔은 아직도 시퍼런 칼날로 서로를 노리고 있다. 그로 인한 엄청난 손실과 피해는 일제 패망 70년이 훌쩍 지난 지금까지도 그대로이다. 아니 경우에 따라서는 더욱 더 커지고 있지 않은가. 그 출발점의 한 곳에 조선의용군이 있으니 이를 어찌해야 한다는 말인가.

그러나 그럼에도 불구하고 우리는 다시 차분하게 음미해야 한다. 일제 강점기와 일제 패망 이후를 구분하는 게 필요하다. 그들에게 온당한 평가를 되돌려주어야 한다. 그것은 훗날의 통일을 위한 정지 작업의 하나가 될 것이다. 역사는 격정으로만 볼 수는 없다. 담담하고 차분하고 냉철하게 봐야 한다. 이제 가장 많은 피를 흘린 곳, 만주로 떠날 차례다.

---

* 조선의용대는 1942년 7월 조선의용군으로 확대개편했다. 따라서 본문에서는 그 개편 시점을 전후로 조선의용대와 조선의용군을 구분하여 사용했다.

8

동아시아의 영웅 안중근, 남북의 총사령 양세봉

죽음에 이르는 길을 다시 걷다

만주 1

안중근과 양세봉

만주 지역 조선인 독립운동의 흔적을 처음 본 것은 2008년 1월, 하얼빈의 빙등제를 구경하러 간 '나 홀로 배낭여행'에서였다. 한낮에도 영하 15도가 일상인 하얼빈의 얼음 축제를 즐기다가 시내 조선민족예술관을 찾아갔는데 1층이 바로 안중근 의사 기념관이었다. 어려서부터 책에서 배우고 무용담으로 듣고 영화로도 보았던 전설의 안중근을 하얼빈 현지에서 마주한 것이다. 묵직한 느낌으로 관람했던 기억이 지금도 선명하다.

안중근을 좀 더 강렬하게 대면한 것은 2013년 6월, 하얼빈에서 차를 타고 800킬로미터는 가야 하는 후룬베이얼 초원을 돌아보고 난 뒤 귀국하기 전날이었다. 동반자들과 함께 안중근이 이토 히로부미를 저격한 하얼빈역 구내의 1번 플랫폼 그 자리를 가보기로 했다. 그때나 지금이나 중국 역의 특정 플랫폼은 그곳에서 출도착하는 열차의 승객만 들어갈 수 있다. 매표소는 따로 있고 대합실 역시 해당 기차표가 있어야만 입장할 수 있다. 개찰구에서 검표한 다음에도 해당 플랫폼까지의 통로만 개방이 돼 다른 플랫폼을 임의로 가는 것은 어렵다.

사정이 이러하니 하얼빈역 1번 플랫폼 그곳에 두 발로 서보는 것은 각별한 노력을 기울여야 가능하다. 간단하게 말해 1번 플랫폼에서 출발하는 열차의 승차권을 사서 들어간 다음 열차가 출발하면 돌아 나오는 것이다. 우선 개찰구와 매표소를 오가면서 1번 플랫폼에서 출발하는 열차편을 어렵사리 확인했다. 그 다음 여권을 들고 30분 넘게 줄을 서서 그 열차편의 가장 싼 기차표를 샀다. 이제 무사히 입장하는 일만 남았다. 숙소에서 기다리던 동반자들을 데리고 다시 역으로 돌아왔다. 대합실의 개찰구에서 또 30분 정도 기다리다가 개찰구를 통과했다. 이렇게 해서 1번 플랫폼에 들어갈 수 있었다.

저격 지점과 피격 지점 두 곳의 바닥에 표지가 설치돼 있다. 플랫폼에 들어가기만 하면 쉽게 찾을 수 있다. 저격 지점에는 삼각형 표지가, 그로부터 열 걸음 정도 떨어진 피격 지점에는 사각형 표지가 설치돼 있었다. 한동안 멍하니 두 개의 표지를 주시했다.

총알이 날아간 시간은 눈 깜짝할 사이, 역사의 그 순간, 거리로는 7미터였다. 총을 쏘고 사형을 당한 자와 총에 맞아 절명한 자, 침탈의 분노와 제국의 오만함이 7미터로 좁혀진 순간이다. 동반자들은 그 자리에서 한동안 말이 없었다. 전율이 서서히 전해오는 것 같았다. 그날의 처단 현장이 눈에 보이는 듯했다. 벅찬 감동이

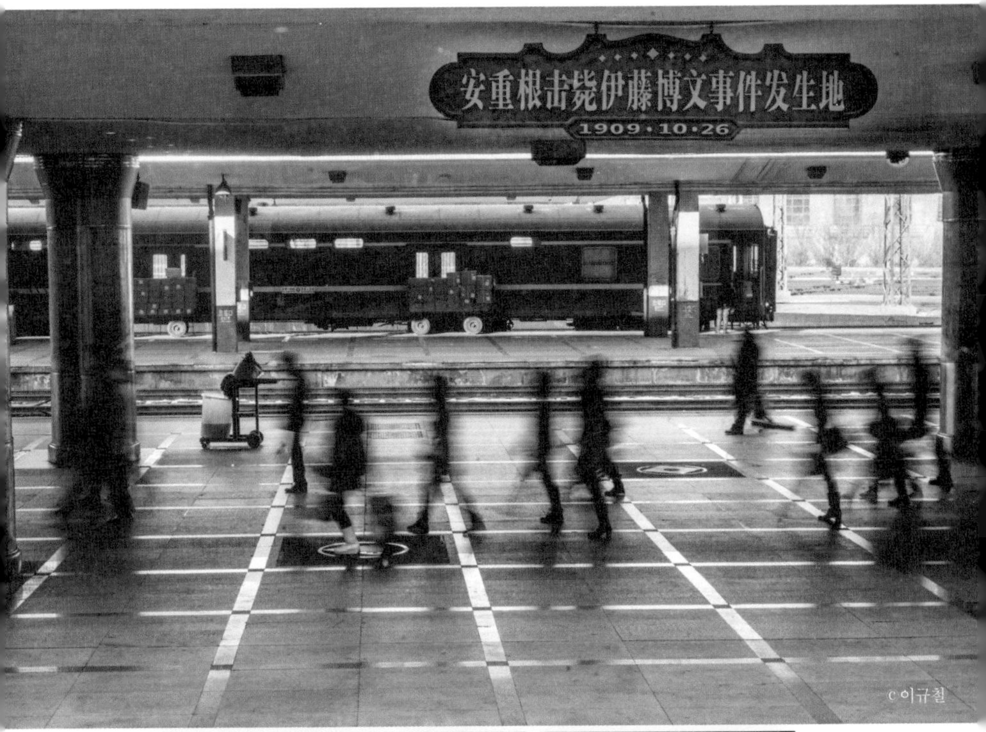
安重根击毙伊藤博文事件发生地
1909·10·26
ⓒ이규철

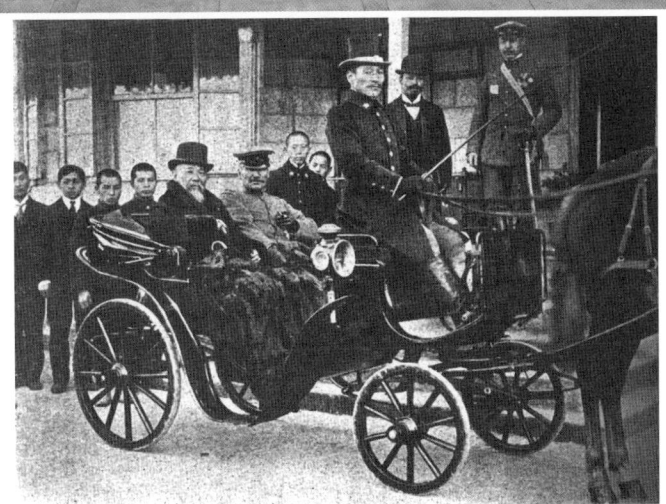

밀려왔다. 1909년 10월 26일 아침의 일이다.

안중근은, 근대 일본의 초대 총리였고 조선통감부 초대 통감이었던 일제의 거물을 직접 저격하여 처단했다. 이로써 조선인들이 결코 식민지로 주저앉지 않았다는 사실을 세계만방에 강렬하게 보여줬다. 조선인들은 항일독립 투쟁에 격동했다. 이미 100여 년 전의 일이지만, 성공에 대한 뿌듯함과 그 대가로 치른 죽음이 묵직하게 나를 눌러왔다.

이때 동반했던 박성광 전북대학교 의과대학 교수도 감동이 컸다. 귀국 후에 하얼빈역 1번 플랫폼의 소감을 모 일간신문에 투고하여 현장에 표지라도 설치하고 한국인의 관람 방법도 강구하자고 호소했다. 어떤 연관이 있었는지는 모르지만 그 다음해 1월 1번 플랫폼을 내다볼 수 있는 역사의 한 공간이 〈안중근의사기념관〉으로 조성되어 일반에 공개됐다. 한중 외교의 밀월기였다. 여전히 플랫폼에 들어가기는 것은 어려웠지만 기념관 창문을 통해 가까운 거리에서 육안으로 볼 수 있게 됐다. 그러나 이 기념관은 2017년 초 하얼빈역 개축 공사가 시작되면서 예전의 조선민족예술관으로 다시 옮겨갔다. 마침 사드 문제로 한중 갈등이 노골화된 탓에 보복이 아니냐는 불필요한 의심을 유발하기도 했다. 2017년 5월 말 다시 하얼빈을 찾았을 때 하얼빈 역사驛舍는 통째로 철거되고 있었다.

2016년 8월 지인들과 함께 만주의 독립운동 답사여행에 나섰다. 동반자들은 9일간의 일정으로 인천에서 선양으로 들어갔고 나는 따로 움직여 다롄大連의 뤼순旅順 감옥을 먼저 둘러보고 동반자들과 합류하기로 했다. 뤼순감옥이 바로 안중근이 수감돼 있다가 사형

뤼순감옥

을 당한 곳이다. 뤼순감옥은 다롄시 서부 뤼순커우구^{旅順口区}에 있다. '뤼순 일러감옥유지^{旅順日俄監獄遺址}'라는 이름의 기념관이 바로 그곳이다. 관람 순서를 알려주는 화살표를 따라 가다보면 감옥의 중앙에서 안중근의 독방을 만날 수 있다. '조선 애국지사 안중근 뇌방^{牢房}'이라는 표지가 부착되어 있다. 하얼빈에서 거사에 성공한 안중근은 현장에서 체포됐고 일본 영사관에 넘겨져 이곳으로 끌려 왔다. 바로 그 방에 갇힌 채 심문을 당하고 재판을 거쳐, 감방에서 조금 떨어진 교형장^{絞刑場}에서 1910년 3월 26일 사형이 집행됐다.

지금도 감옥에서 나와 사형장 쪽으로 걸어가면 '안중근이 죽음을 향해 걸어간 그 길'을 그대로 밟아볼 수 있다. 사형장으로 가는 길목에 흰색 바위로 세운 표지가 하나 있었다.

"사형 판결을 받은 항일지사는 손과 발을 결박당한 채 간수에 압송되어 이 길을 걸어 사형장으로 갔다."

안중근의 죽음이 이와 똑같았을 것이다. 멀지 않은 곳에 작은 벽돌 건물이 하나 있는데 그곳이 바로 교형장이다. 안으로 들어가면 목에 걸리는 줄이 천장에서 아래로 늘어져 있다. 이 줄이 목에 걸린 다음에는 바닥판이 밑으로 덜컥 꺼지고 사형수는 허공에 매달린다. 죽는 순간은 자기 체중으로 자기 목을 조르게 된다. 사형수의 숨이 막히고 얼마 후 몸이 처지면 사망여부를 확인하고 목줄을 푼다. 줄을 풀면 시신은 꺼진 바닥판 아래에 놓아둔 둥근 나무통으로 떨어지면서 자동적으로 몸이 접히면서 담긴다. 시신이 담긴 나무통은 노역을 나온 다른 죄수들이 감옥의 묘지로 옮긴다. 이때 교형장 바로 옆의 높은 담장 아래 설치된 출구로 실려 나간다. 죽은 자만이 나가는 특별한 문이다. 뤼순감옥의 묘지는 바

로 뒤에 있는 둥산포東山坡라고 하는 야산이다. 사형수들에게 봉분이 있을 리 없다. 교통호처럼 미리 파인 곳에 일렬로 놓고는 그대로 흙을 덮어 매장했다.

당시의 감옥묘지를 발굴하고 복원해 전시한 별도의 전시실을 둘러보면 안중근이 실제 어떻게 묻혔을지 상상할 수 있다. 1971년에 발굴한 시신 몇 구도 전시돼 있다. 만주의 수많은 중국인과 조선인 항일 투사들이 이곳에서 죽었다. 훗날 누가 누구인지 구별할 수도 없게 촘촘하게 묻혔다. 신채호, 이회영도 이곳에서 순국했다.

뤼순감옥을 돌아보고 나왔다. 하늘은 너무나 파랗게 빛나고 있었고 뜨거운 날씨에 땀은 목덜미를 타고 흘렀다. 매점에서 평소에는 마시지도 않는 찬 음료를 하나 사서 벌컥 벌컥 들이켰다. 독립운동의 흔적을 찾아다니면서 엄숙주의를 탈피하려고 애를 써보았지만 이곳에서는 불가능했다. 굳은 결심과 지난한 고통 그리고 장렬한 죽음이 쌓여가는 역사를 나 같은 이가 어찌 대범하게 대할 수 있겠는가. 지금 글로 정리하면서도 마찬가지이다. 식당을 찾아갈 심정도 아닌 터라 근처 재래시장에서 현지인들의 번잡한 일상 속을 한참이나 기웃거리고 난 뒤 시장기가 살아나자 여행객의 일상으로 돌아올 수 있었다.

뤼순감옥을 둘러본 다음날 아침 일찍 출발하여 선양沈阳 공항으로 가서 동반자들을 맞이했다. 이미 수차례 함께 중국을 여행한 일종의 '절친' 그룹이다. 공항에서 픽업해서는 바로 동쪽으로 출발했다. 150여 킬로미터를 달리면 신빈만족자치현新宾满族自治县이다. 신빈현 융링진永陵镇에서 점심식사를 하고 가까운 곳에 있는 허투아라성赫图阿拉城을 찾았다. 이곳은 청 태조 누루하치의 출생지이자, 여진족을 통일하고 대금^{大金}(역사에서는 후금이라 한다)의 깃발을 세운 본거지이다. 지금은 당시의 성과 관아, 누르하치의 생가 등을 복원하여 관광객들이 찾는 명소가 되어 있다. 허투아라성으로 들어가는 입구에는 날렵한 자세로 말을 타고 있는 누루하치 동상이 세워져 있다.

허투아라성을 둘러보고는 동쪽으로 계속 이동하여 신빈현 중심으로 들어섰다. 신빈현은 한때 싱징현^{兴京县}이라고 하기도 했다. 신빈현 중심가에서는 1932년 양세봉의 조선혁명군이 중국의 자위군과 합동으로 일본군과 만주국군을 상대로 치열한 전투를 벌이기도 했다. 흥경성 전투니 영릉가 전투니 하는 것들이 바로 신빈현 시내에서 벌어진 전투였다. 이 전투를 이끈 지휘관이 바로 양세봉이다.

신빈현 정부 바로 뒤에 싱징공원^{兴京公园}이 있다. 싱징공원 입구는 가파른 계단으로 되어 있는데, 이리로 올라가면 〈인민해방전쟁 순난^{殉难} 열사의 비〉가 세워져 있다. 계단을 오르지 않고 우측으로 200미터 정도를 걸어가서 다시 야산으로 난 소로를 따라 걸어 들어가면 300미터 안쪽에 제법 널찍하게 자리 잡고 있는 〈항일영렬 기념비〉가 있다.

이 기념비 뒤로 두 사람의 흉상이 멋지게 세워져 있는데, 그중 오른쪽 인물이 바로 조선인 이홍광^{李紅光}(1910~1935)이다. 스물다섯이란 짧은 생을 살았으나 이국땅에 그의 흉상이 이렇게 멋지게 세워져 있다는 게 새삼 눈에 들어왔다. 흉상에서 바라본 전망도 아주 좋아서 신빈현 시내가 훤히 내려다보인다.

만주는 고대에서 근현대사에 이르기까지 우리 역사에서 현재

의 영토 바깥에서는 가장 중요한 지역이다. 조선 말기 1860년대 중반부터 가렴주구와 기근에 고향을 떠난 백성들이 압록강 두만강을 건너면서 조선인 이민사회가 자리를 잡기 시작했다. 1900년대 을사의병 정미의병이 실패하면서 본격적인 조선인들의 망명지가 되기 시작했다. 1910년대에는 생존자립과 함께 독립운동 기지를 구축하는 노력이 커지기 시작했다. 그 이후에도 망명이든 생계든, 아니면 일제의 강제적 반강제적 이주든 많은 조선인들의 생존무대가 되었다. 만주의 무장투쟁은 다수의 조선인을 기반으로 하여 치열하게 전개되었다.

만주에서도 1919년 만세운동이 벌어졌다. 이어서 항일투쟁을 위한 무장대오가 활발하게 조직됐다. 1920년의 봉오동과 청산리 전투는, 청일전쟁 이후 불패를 자랑하던 일본 정규군을 격파함으로써 세상을 놀라게 했다. 그러나 후폭풍이 엄청났다. 일본군은 1920년 10월부터 다음해 봄까지 대규모 군대를 동원하여 독립군을 추격하는 한편 간도의 조선인에 대해 무차별 학살을 자행했다. 이것이 경신참변이다. 자료에 따라 조금 다르지만 2,600~3,700여 명의 조선인들이 살해되었다. 수많은 마을들이 독립군의 근거지란 이유로 초토화되었다.

공세에 밀린 독립군들은 소련 국경을 넘었다. 그러나 일본의 외교적 군사적 위협과 강요에 소련은 이들의 무장을 해제하려고 했다. 무장한 병력에게 무장해제란 포로가 되는 것과 다를 바 없는 일, 이들은 순순히 따르지 않았다. 마침내 이를 둘러싸고 충돌이 벌어져 독립군 전사 수백 명이 살해되는, 이른바 자유시 참변을 당하게 되었다. 경신참변과 자유시참변으로 인해 만주에서 무장투쟁은 크게 위축됐다. 1925년에 조선총독부는 중국 봉천성 군벌과 미쓰야(三矢) 협정을 맺음으로써 중국 군벌까지 독립군 사냥에 나섰다.

이렇게 가라앉은 만주에서 항일투쟁 동력은 1920년대 후반이 되어서야 두 갈래로 살아나기 시작했다. 하나는 1929년 정의부, 신민부, 참의부의 통합운동이었다. 3부 통합운동의 결과 민족주의 계열은 국민부와 신민부로 재편되었다. 또 한 갈래는 사회주의 계열의 독립운동이었다. 1920년대 중반부터 젊은 세대들에게는 사회주의와 공산주의가 급속도로 퍼져나갔다. 조선공산당은 1926년부터 만주총국을 두고 활발하게 활동했다. 이들은 1929년 코민테른이 내세운 일국일당의 원칙에 따라 1930년부터 중국공산당에 입당하여 한중 연합 성격의 항일 독립운동을 전개해 나갔다.

민족주의 계열의 국민부는 이당치국(以黨治國)의 원리에 따라 당-정-군의 구조를 갖췄다. 조선혁명당을 지도정당으로 하여 자치단체로 국민부를, 무장대오로 조선혁명군을 두는 구조다. 조선혁명군은 1929년 12월 조직됐다. 양세봉은 창설 당시 부사령이었고 얼마 후에 총사령이 되었다. 우리에게 덜 알려진 인물이지만 만주에서는 유명한 항일 명장이다. 조선혁명군은 1932년부터 일본군과 만주국군을 상대로 상당한 전과를 거두었다. 영릉가 전투, 홍경성 전투 등이 바로 조선혁명군의 전적이다. 그러나 1934년 총사령 양세봉이 피살된 이후 점차 기울다가 1936년에는 일본군과 만주국군의 공격에 밀려 크게 위축되었고 1938년 잔여 병력이 중국공산당 계열의 동북항일연군에 합류하면서 소멸됐다.

신민부도 한국독립당을 세우고 1931년 10월 지청천을 수장으로 하는 한국독립군을 조직했다. 한국독립군도 1933년 대전자령 전투의 승리 등을 기록했으나 1933년 10월 지청천 등의 지도부가 만주를 떠나 중화민국 관내로 이동하고 잔여 병력은 중국공산당의 동북인민혁명군에 합류하면서 소멸됐다.

사회주의 계열은 앞에서도 말했지만 일국일당주의 원칙에 따라 중국공산당에 합류했다. 조선인들은 피식민지인라는 민족모순 위에 '잘해야 소농, 힘겨운 소작농'이라는 계급모순이 중첩된 신세라서 중국인들보다 일찍 사회주의 운동에 기울었다. 이들은 중국공산당 안에서 농민운동과 항일투쟁을 활발하게 전개했다. 일제가 1931년 만주를 침략하고 1932년 괴뢰 만주국을 세우자 만주 각지에서 항일운동이 생겨났다. 중국공산당 역시 유격대 투쟁을 시작했다. 1931년부터 곳곳에서 결성된 중국공산당의 유격대들은 1933년 동북인민혁명군으로 통합됐다. 동북인민혁명군은 중국공산당이 만주에서 보유한 첫 번째 정규군이지만, 계급투쟁 성격이 강해 비공산당 항일세력과 제대로 연대하지 못해 스스로 어려움을 자초하기도 했다.

중국공산당은 1936년 민족통일전선을 강화하면서 조선, 몽골 등 소수민족의 민족해방투쟁을 적극 지지하고 동북인민혁명군을 동북항일연군으로 재편했다. 동북항일연군은 일본의 강력한 공세에 밀려 1940년 가을, 겨울 소련으로 넘어갈 때까지 치열하게 무장투쟁을 벌였다. 조선인 혁명가들은 일부 관내로 이동한 것 이외에는 많은 수가 동북인민혁명군-동북항일연군과 연합하여 싸우거나 그 안에 들어가 적극적으로 투쟁을 했다. 이것이 1930년대 만주 무장투쟁의 기본 골격이다.

신빈현 싱징공원에서 멋진 흉상으로 만난 이홍광이 바로 일제의 만주 침략 이후 창설된 중국공산당 휘하의 지방 유격대가 동북인민혁명군으로 발전하는 시기의 핵심인물이었다. 우리나라에 제대로 알려져 있지 않지만 중국에서는 혁명가로 존중받는 인물이다. 두 개의 흉상 가운데 하나가 이홍광이라는 것이 간명하게 그에 대한 평가를 말해준다.

이홍광은 1910년 경기도 용인에서 태어났다. 1919년 고향에서 보통학교에 입학했으나, 일본인 학생과 싸우는 바람에 1년 만에 퇴학당했다. 이후 집에서 농사일을 도우며 틈틈이 조부에게 한문과 경서 등을 배웠다. 1925년 부모를 따라 만주 지린성 판스현을 거쳐 이퉁현(伊通县)으로 이사해 소작농의 아들로 성장했다. 1927년 중국공산당 만주성위원회 산하의 재만농민동맹에 가입해 이퉁현 일대의 농민운동에 적극 참여했다. 이때 십 수 명의 무장대오를 조직해 악명 높은 지주들을 응징하면서 명성을 떨치기 시작했다.

1931년 9월 일제가 만주를 침략하자 중국공산당 만주성위원회의 지시에 따라 10월 이퉁현에서 7명의 조선 청년으로 적위대를 창건해 항일 무장투쟁에 나섰다. 이 적위대는 악질 친일지주를 처단하고 재산을 몰수하여 나눠주는 활빈도 적지 않게 벌였다. 그리하여 일제의 주구(走狗)를 때려잡는다는 뜻의 '개잡이대(일명 타구대打狗隊)'라는 속칭으로 널리 알려졌다.

1932년 6월 기존의 적위대를 반석공농반일의용군(磐石工農反日義勇軍) (약칭 반석의용군 또는 반석유격대)으로 확대 개편하고 본격적 항일 무장투쟁에 나섰다. 이홍광은 2분대 정치위원을 맡았다. 반석의용군은 일본군 만주국군과 싸우면서 50여 명으로 늘어났다. 1932년 12월 중국공산당의 방침에 따라 반석의용군이 중국 홍군

제32군 남만유격대(약칭 남만유격대)로 개편되면서 이홍광은 참모장을 맡았다. 이후 중국인 양징위楊靖宇(본명 马尚德)와 함께 남만주 지방 곳곳에서 항일 유격전을 전개했다. 1933년 전반기에는 일본군과 만주국군의 항일근거지 포위 공격에 맞서 60여 차례의 공방전을 벌이며 끈질기게 투쟁해 이들을 격퇴하였다. 그리고 부대 규모도 250여 명으로 크게 증가했다.

이 무렵 만주 여러 지역에서 항일 무장투쟁이 고조되고 중국공산당이 항일민족통일전선 방침을 강화하면서 1933년 9월 남만유격대는 동북인민혁명군 제1군 독립사로 개편되었다. 이홍광은 참모장이 되어 부대를 영도했다. 당시 제1군 독립사의 대원은 300여 명이었는데, 조선인들이 다수였다. 1934년 8월경 이홍광 부대는 700여 명 규모로 성장했고 영향력도 커졌다. 이홍광은 같은 해 11월에는 동북인민혁명군 제1사 사장 겸 정치위원이란 중책을 맡았다.

1935년 2월에는 200여 명의 조선인 대원들을 이끌고 압록강을 건너 평안북도 후창군 동흥읍(후주고읍)을 기습 공격하여 국내외에 커다란 충격을 주었다. 동흥읍 전투는 만주의 항일 무장투쟁 세력이 벌인 1930년대 최초의 대규모 국내 진입작전이었다. 동흥읍 전투에서 일본인 및 친일부호로 지목된 10여 명을 응징하고, 일제의 통치시설을 일부 파괴하고 많은 군자금과 물자를 노획했다. 이 전투는 국내에서 상세하게 보도되어 이홍광이란 이름을 널리 알렸다.

그러나 이홍광의 전적은 더 이상 쌓이지 못했다. 1935년 5월 만주 환런현桓仁县 싱징현兴京县 접경지인 노령老岭에서 일본군 만주국군과 격전을 벌이다가 중상을 입었다. 전선에서 후퇴하기는 했으나 끝내 환인현의 밀영에서 사망했다. 이때 그의 나이 겨우 스물다섯이었다.

이홍광은 몇 안 되는 남한 출신 무장투쟁 지도자의 한 사람이다. 남만에서는 거의 최초인 1930년대 초 항일유격대의 기초를 닦음으로써 후일 중국공산당계 항일 무장투쟁의 발전에 크게 기여했다. 국내의 민족해방운동이 침체에 빠져 있을 때인 1935년 초 국내 진입작전을 전개하여 일제 관헌에 타격을 주고 우리 민족에게도 커다란 희망과 각성을 안겨주었다.

그는 오늘날 중국인들에게도 항일 민족영웅으로 추앙받는 양징위 등 중국인 지도자들과 긴밀하게 협조하여 항일투쟁에 앞장섬으로써 만주의 조선인과 중국인 사이의 연대를 강화하는 데에도 큰 기여를 했다. 일제 패망 이후 벌어진 국공내전에서 다수의 조선인들이 공산당 측에 가담하여 국민당과 싸웠는데, 이때 활약한 조선의용군의 한 부대를 이홍광 지대로 명명할 만큼 그 명성이 높았다는 사실도 기억할 만하다.

다시 이홍광 흉상을 바라본다. 스물다섯에 절명했음이 안타깝고, 스물다섯을 살았음에도 이런 평가를 받는 게 놀라웠다.

싱징공원에서 내려와 동쪽으로 20여 킬로미터를 더 가면 신빈현 왕칭먼진^{旺淸門鎭}이다. 이곳에서 다시 남쪽으로 우회전해서 6킬로미터 정도 내려가면 오른쪽 야산에 〈양서봉^{梁瑞鳳} 기념비〉가 있다. 야산으로 난 길로 400미터 정도 들어가야 한다. 노상의 안내 표지는 없지만 중국의 내비게이션을 이용하면 쉽게 찾을 수 있다.

차단봉이 설치된 입구에 도착했을 때 차량 두 대가 서 있었다. 앞좌석의 누군가가 관리인으로 보이는 현지인과 이야기를 하고 있었다. 우리도 뒤에 따라 붙었다가 앞 차가 들어갈 때 함께 들어갔다. 관리인은 우리가 일행이라고 생각한 것 같았다. 가까운 빈 터에 차를 세우고 보니 야트막한 언덕 위에 커다란 화강암 석상이 보였다. 물어볼 것도 없이 천천히 걸어 올랐다. 6~7미터는 되어 보이는 기념탑의 탑신에는 '항일명장 양서봉'이라고 씌어 있고, 탑 위에는 유순하지만 강건한 느낌의 흉상이 있었다.

내가 책 한 권을 꺼내 동행들에게 보여줬다. 《남과 북 모두의 총사령 양세봉》이란 제목이었다. 본문은 "남과 북의 국립묘지 모두에 모신 한 사람"이란 말로 시작했다. 기념탑 후면의 비명을 읽어본 다음 늦은 오후의 햇살에 기대어 사진 몇 장을 찍었다.

그때 우리 앞에 먼저 올라왔던 예닐곱 일행 가운데 한 사람이 어디서 왔냐면서 말을 붙여왔다. 우리가 독립운동 유적을 찾아 답사여행을 하는 중이라고 말하자 양서봉에 대해 잠시 소개를 해주었다. 힘이 실린 목소리에는 양서봉에 대한 자부심이 가득했다.

"이 석상은 원래 조선족 소학교에 있었던 겁니다. 그런데 소학교가 문을 닫게 됐어요. 그래서 우리 동포들이 돈을 모아서 여기 땅을 사서 옮긴 것이지요. 이 양반 대단한 장군이었지요. 아 글쎄, 김일성이도 양 장군 꼬붕이었지요. 그래서 해방 후에 김일성이가 양 장군 가족을 모두 모셔갔더란 말입니다."

이들은 선양에 사는 조선족 동포들이었다. 그 가운데 한 명은 문을 닫게 된 그 소학교의 교장이었단다.

남과 북의 총사령, 양세봉은 평양의 애국열사릉에 묻혀 있다. 서울의 국립현충원에는 양세봉이란 이름으로 그의 허묘가 있다. 현지 동포가 '김일성도 꼬붕이었다'던 양서봉(1896~1934, 양세봉은 이명)은 누구인가.

양세봉은 1930년대 만주에서 전개된 세 갈래 무장대오 가운데 하나인 조선혁명군의 총사령이었다. 본명은 양서봉梁瑞鳳인데 남한에는 세봉世奉(또는 世鳳)이란 이름으로 더 많이 알려져 있다. 평안북도 철산의 가난한 농가에서 장남으로 태어났다. 부친이 일찍 사망하고 가난을 견디다 못해 1917년 모친 등 가족과 함께 압록강을 넘어 신빈현으로 이주했다. 그래봐야 째지게 가난한 소작농이었다. 그러나 1919년 만세운동에 참여했고 1922년 독립단 대장 정창하 휘하의 지방 공작원으로 항일운동에 발을 들이기 시작했다. 천마산대 독립군에 참여했고 1923년 광복군 총영에 합류했다. 이후 참의부와 정의부의 무장대오에서 활동했고 3부 통합운동을 거쳐 1929년 12월 조선혁명당이 조선혁명군을 창설할 때 부사령이었다. 당시 총사령은 이진탁이었다.

양세봉은 1930년 조선혁명군이 편제를 개편하면서 제2중대장에 보임되었다. 이때 옆의 이종락 중대에 김일성이 참사로 있었기 때문에 "김일성도 꼬붕"이라는 이야기를 듣게 된 것 같다. 양세봉은 1932년 총사령이 되었고 영릉가 전투, 흥경성 전투 등에서 일본군과 만주국군을 격퇴하여 이름을 날렸다. 이때 국민부는 당–정–군의 구조였는데, 고이허가 당을 지도하고, 김동산이 국민부를 이끌고, 양세봉이 군을 통솔하는 체제였다. 그러나 일본군과 만주국군의 공세는 강력했고 1933년 조선혁명군은 위축되어 갔다. 1934년 9월 양세봉이 전사했다. 39세였다.

조선혁명당은 1935년 난징에서 결성된 민족혁명당에 참여함으로써 만주에서 조선혁명당은 자진 해산했다. 그러나 조선혁명군은 군정체제로 개편하여 항일 무장투쟁을 계속했다. 1936년 고이허가 체포됐고, 1937년에는 김동산이 투항했고, 조선혁명군의 김활석 마저 투항했다. 1938년 3월 박대호, 최윤구 등 살아남은 대원들이 중국공산당의 동북항일연군에 합류하면서 조선혁명군은 사라졌다.

1946년 양세봉의 부인과 아들은 북한 당국의 주선으로 평양으로 이주했고, 1961년 양세봉의 유해를 평양 근교로 이장했다. 1962년 대한민국이 독립운동 유공자들의 서훈을 시작하면서 양세봉은 건국훈장 독립장이 추서됐다. 서울의 국립현충원에 허묘를 조성한 것은 1974년이었다. 북한에서는 1986년 평양 신미리 애국열사릉으로 양세봉을 이장하고 묘비를 세웠다. 그리하여 남북 양쪽에서 국가 묘역에 모신 조선혁명군 총사령이 된 것이다.

국립현충원에서는 애국지사 묘역에 양세봉의 허묘가 있다. 묘비에는 〈순국선열 양세봉의 묘〉라고 돼 있다. 묘비 하단에는 검은 석판이 있는데 빈 칸이다. 다른 묘에는 망자의 어록이나 후손의 추도사 등이 새겨져 있지만 양세봉에겐 없다. 연고자가 없기 때문에 훗날을 기약하고 그대로 둔 것 같다. 조선혁명군 사령관 양세봉에게는 조국이 있을 뿐 남과 북이 따로 존재하는 것은 아니었다. 그러나 그는 남북에서 따로 부르는 추모의 노래를 듣는 입장이 되고 말았다.

나는 답사여행을 준비하면서 독립기념관의 국외독립운동사적지 리스트에서 양세봉을 처음 알게 되었다. 워낙에 무지한 것은 내 탓이니 달리 변명할 것도 없다. 그러나 양세봉 이름 세 자를 제대로 아는 한국인 또한 그리 많지는 않다. 우리나라에서《조선혁명군 총사령관 양세봉》이란 단행본이 출간된 것은 2007년이다. 그나마 중국의 차오원치曺文奇라는 만주족 학자가 쓴 전기를 번역한 것이다. 한국인이 독자적으로 연구하여 펴낸 양세봉 전기는《남만주 최후의 독립군 사령관 양세봉》(장세윤 저)이 유일하다. 2016년 12월에야 나왔다. 독립기념관의 한국독립운동사연구소가 기획한 100인의 독립운동가 열전 가운데 77번째로 출간된 것이다. 늦어서 아쉽지만 그래도 반가움에 다시 책을 꺼내 읽는다.

신빈현에서 통화현通化県으로 가서 하루를 묵은 다음에 신흥무관학교가 있었던 광화촌光华村을 찾았다. 신흥무관학교는 1911년 신흥강습소로 시작하여 신흥중학교, 신흥무관학교로 교명을 바꾸면서 1920년 폐쇄될 때까지 2천여 명의 독립투사를 길러냈다. 운영자금은 이회영, 이상룡 등 원로 독립운동가들이 사재를 털어서 충당했다. 김원봉, 김산 등 수많은 투사들이 이곳을 거쳐 갔다. 신흥무관학교는 통화현 하니허哈泥河(현 광화촌)와 콰이다마오쯔快大茂子, 류허현柳河県 구산쯔孤山子 등 세 곳에 본교와 분교를 두고 있었지만 별도의 사적지로 조성된 것은 없다. 나는 광화촌을 들러서 지린시吉林市로 향하는 것으로 여정을 정했다. 길 위에서 음미하고 지나가는 셈이다.

통화현에서 광화촌까지는 50여 킬로미터 정도. 고속도로가 공사로 폐쇄된 터라 왕복 2차선의 시골길로 갈 수밖에 없었다. 통행에 큰 문제는 없었다. 오히려 수박과 참외를 파는 노점상이나 느리게 움직이는 우마차에서 시골 정취를 맛볼 수 있었다. 한 시간을 넘게 가니 광화촌이라는 마을 표지가 나타났다. 뒷면에는 '블루베리의 마을'이라고 새겨져 있었다. 마을 입구에 좌우로 넓은 농장도 블루베리였다. 작은 마을 중앙에 들어섰으나 특별한 것은 없었다. 이럴 것이라고 예상하기는 했으나 허전함이 더했다. 이런 산중에 사비를 들여 강습소를 세우고 젊은이들을 교육해 독립투사를 양성했었다는 선조들의 역사를 상상할 뿐이었다.

광화촌을 나와 지린시로 향하는데 내비게이션에 가로지르는 길이 나타났다. 현지인들에게 물으니 길은 있다고 답을 하는데 그 뉘앙스가 편치 않았다. 기사와 의논한 다음 용기를 내어 야산을 넘어가는 비포장 길을 택했다. 길은 점점 좁아졌다. 승합차 좌우 양면이 길가에 늘어선 옥수수나 나뭇가지에 스쳤다. 마치 옥수수 바다에 반잠수를 한 채 헤엄쳐 가는 기분이었다. 자칫 길이 무너진 곳이라도 나타나면 차를 돌릴 수도 없는 상황이었다. 다행이 한 시간 여 수고한 끝에 포장된 시골길이 나타났다. 야산의 구릉에 펼쳐진 옥수수 바다였다.

옥수수 바다를 통과해서는 싼위안푸三源浦 조선족자치진에서 점심식사를 했다. 작은 마을이라 그럴 듯한 식당이 보이지는 않았지만 조선냉면관이란 식당으로 들어갔다. 날도 더웠지만 냉면에 기대를 걸었다. 조선족 동포의 냉면은 얼음 덩어리가 가득한 냉면이 아니라 뜨겁지 않은 육수로 만든 냉면이다. 몇 가지 요리를 추가하고 시원한 맥주를 곁들여 푸짐한 점심을 즐겼다. 싼위안푸 역시 김산의 회고 등 곳곳에서 등장하는 지명이다.

지린시에는 늦은 오후에야 겨우 도착했다. 다음날 지린시에서 의열단 창단지 등을 찾아보고는 옌벤 조선족자치주의 행정중심인 옌지시延吉市로 갔다. 조선족자치주답게 옌지시에 가까워오자 간판에는 큼직한 한글이 대부분이었다. 이 지역은 독립기념관의 국외 독립운동사적지 리스트에도 사적지가 가장 많은 지역이다.

도착하자마자 1935년 〈옌지감옥 항일투쟁 기념비〉를 찾았다. 일제강점기에는 옌벤 예술극장 자리에 옌지감옥이 있었다. 조선인들이 중심이었던 중국공산당 옌지현위원회는 감옥 안의 동지들을 규합하여 폭동을 일으켰다. 1935년 6월 17명의 결사대를 조직해 감방 문을 부수고 간수를 처단한 뒤 파옥하여 수백 명의 수감자를 탈옥시켰다. 이 사건을 기록한 표지가 예술극장 옆에 세워져 있다. 이 사건은 만주지역에서 유일하게 성공한 탈옥이라고 한다.

기념비를 둘러본 다음 숙소를 잡고는 지인이 소개해준 현지인을 만나 함께 식사하면서 현지 사정에 대해 자문을 구했다. 이제 내가 어려서부터 알고 있던 독립운동 청산리 전투를 찾아갈 차례이다.

9
가장 뜨거웠던 땅 옌볜의 별들

기억하는 역사가
승리한다

만주 2

전각 류시호

옌벤의 조선인들
투사에서 예술가까지

옌벤은 두만강 건너, 우리 땅 아닌 우리 땅이다. 강만 건너면 되는 지근거리인 데다가 조상의 땅인 것은 분명하니 우리 땅이 아니라고 할 수는 없다. 그러나 혈통과 문화라는 넓은 역사를 정치군사적 분할이라는 좁은 역사가 땅에 금을 긋고 갈라놓았다. 남의 땅, 그것도 허락 없이 들어가면 죽음을 각오해야 하는 금단의 땅이 된 것이다. 그곳의 강력한 지배자들은 자기 조상만의 땅으로 생각했고, 언젠가는 되돌아갈 수도 있는 자기들만의 땅으로 간주했다. 그들은 대륙 한복판으로 나가고 이 땅에는 봉금을 선포했다. 압록강 건너의 땅까지 포함해서 만주라고 해도 사정은 동일하다.

그러나 1800년대 초부터 조선의 민초들은 생존 자체가 버거워졌고, 어떻게든 살아남기 위해 봉금의 땅으로 숨어 들어갔다. 1860

년대 후반까지 첩첩이 쌓여온 가렴주구에 극심한 기근까지 연이어 덮치자 북부 지방의 조선인들이 대량으로 강을 건너갔다. 목숨을 부지하기 위한 도피의 땅이었다. 17세기에 발흥하여 18세기에는 세계에서 가장 강력한 지배자였던 청조는 19세기에 들어서면서 급격하게 쇠약해졌다. 게다가 러시아가 북에서 압박하며 내려오자 이민실변移民實邊이라 하여 주민들을 이주시켜 변방을 강화하기 시작했다. 그 일환으로 1881년 조선인들에 대한 봉금이 해제됐다.

일제 강점기에는 망명과 도피뿐 아니라 대륙 침략에 따른 반강제적 이주까지 더해졌다. 이주의 세월이 길어지면서 뿌리가 깊어지고 일제가 패망했어도 쉽게 귀국하지 못하는 동포들이 많았다. 지금은 인구 217만(2010년 기준) 가운데 82만(37.7%)이 우리 동포들인 옌볜, 정식명칭으로는 옌지시延吉市를 행정중심으로 하는 중국 지린성 옌볜조선족자치주다. 자치주인 만큼 행정수반은 우리 동포다. 현 주장은 이경호李景浩 지린성 옌볜주위원회 부서기가 맡고 있다. 21세기에 일반적으로 중국인들에게 옌볜과 조선족이란 예의, 교육, 축구, 냉면 등의 키워드로 축약되기도 한다.

일제 강점기 곧 독립운동 시기에 가장 많은 조선인을 기반으로 가장 많은 무장투쟁을 벌였고 가장 많은 조선인들이 희생당한 곳이 바로 이곳이다.

2016년 8월 뜨거운 여름, 옌지에 도착한 다음날 백두산 방향으로 가서 〈청산리 항일대첩 기념비〉를 먼저 보기로 했다. 옌지에서 출발해 서쪽으로 룽징龍井과 허룽和龍을 거쳐 90여 킬로미터를 가는 길이다. 백두산 북파에서 가자면 동쪽으로 140여 킬로미터를 가야 한다. 룽징에서 허룽까지는 밋밋한 구릉의 잘 포장된 길이다. 그러나 허룽 중심가를 지나자 비포장 흙길이 차량을 심하게 흔들어 댔다. 그래도 길 양옆의 울창한 숲에서 전해져 오는 청량감이 좋았다. 두 시간이 조금 넘어 도착했다. 허룽시 임업국이 운영하는 청산임장青山林场 바로 안에 기념비가 있었다. 산 중턱에 높이 세워진 터라 임장 입구에서도 기념비 상단이 잘 보였다. 주차장에서 이백여 개의 계단을 올라가야 한다.

가쁜 숨을 몰아쉬며 대첩비 앞에 섰다. 고개를 바짝 치켜들어야 탑의 꼭대기가 보였다. 어른 키의 다섯 배는 족히 되는 듯했다. 두 번이나 이 기념탑을 찾아갔는데 두 번 모두 눈부시게 파란 하늘이 배경이 되어주니 더없이 아름다웠다. 탑 뒤의 옹벽에 비명이 새겨져 있다.

청산리 항일대첩 기념비

대소 수차 격전을 거쳐 천으로 헤아리는 일본침략군을 섬멸하였거늘…… (중략) 청산리 대첩은 '일군 무적'의 신화를 깨뜨리고…… (중략) 그 실패를 달가와 않은 일본 침략군은 연변지역 무고한 백성에 대하여 선후로 2,600명을 참살한 경신년 대학살…… (중략)

그리고 마지막에는 이렇게 기원하고 있다.

경신년 대참안중 조난당하신 동포 원혼들이여, 고이 잠드시라!
청산리 전역 중 피흘려 분전하신 항일 영렬들이여, 영생불멸하라!
연변 각 민족 인민 삼가 드림
2001년 8월 31일 준공

천천히 읽어나가는데 내겐 두 가지가 강렬하게 다가왔다. 이 기념비는 청산리항일대첩기념비라는 명칭 그대로 청산리 전투의 승전을 스스로 축하하고 기념하는 것이다. 그러나 비문 말미에는 청산리대첩의 전사들보다 후폭풍으로 참살당한 2,600여 명의 민간인들을 먼저 달래주고 있지 않은가. 작은 것이지만 크게 보이는 대목이다.

무장투쟁이든 비폭력 투쟁이든 모든 항일투쟁은 주민들의 희생을 기반으로 한다. 권력자들은 나라를 망쳐먹었고 국권까지 침탈당했지만, 그들이 잃어버린 나라를 되찾자고 백성들은 푼돈을 모으고, 자식을 전사로 보내고, 전장에서는 적의 동태를 알려주고, 도주하는 전사가 있으면 집안에 숨겨주곤 했다. 그런 지지가 있었기 때문에 누군가 나서서 투쟁할 수 있었다. 물이 있어야 물고기가 살 수 있듯이 모든 독립투쟁 단체들은 조선인들이 많은 곳에 근거지를 마련하려고 했던 것이다.

그러다가 적이 무자비하게 보복을 해오면 집은 불타고 식량과 재물을 빼앗기고, 심지어 맨손으로 학살을 당하기 일쑤였다. 청산리 대첩 역시 그러했다. '잠깐의 승리와 참혹한 보복 학살'이 한 덩어리였다. 승리한 장면만 골라 한 사람의 영웅 스토리로 윤색하는 것은 온당치 않다. 바로 이런 민초들의 희생을 함께 기록하고 기억하는 것이야말로 청산리 전투를 비롯한 독립운동을 기리는 바른 자세가 아닐까.

독립운동 역사에서 가족과 여성 역시 올바른 평가를 받아야 한다. 당시는 철저한 가부장 사회였으니 독립운동이란 남자들의 일이었다. 어느 남자는 목숨을 버렸으나 이름을 남겼고, 어느 남자는 흔적도 없이 산화했다. 어떤 경우든 항일을 다짐하고 집을 나서는 순간 가정을 버린 것과 다를 바 없었다. 가족들의 기본생계는 물론 부모 봉양과 자식 양육의 모든 짐은 여자들이 떠맡았다. 자녀들도 마찬가지다. 아버지 없는 자식들이 뭘 먹고 어떻게 공부를 했겠는가. 그러니 독립운동가라는 명예가 주어진다면 그것은 가족에게도 함께 주어져야 옳다. 최근 정부에서 보훈행사에 가족을 배려하는 사례가 종종 보인다. 당연한 일이지만 정말로 흐뭇한 풍경이 아닌가.

왕산 허위라는 독립운동가 가문에서 태어나, 임시정부 국무령을 지낸 이상룡의 손자에게 시집가서 평생을 독립운동가의 가족으로 살아야 했던 허은이란 여인이 있다. 그녀가 구술한 《아직도 내 귀엔 서간도 바람소리가》라는 회고록에는 독립운동가의 여식으로 태어나 또 다른 독립운동가의 며느리로 들어가서 겪어야 했던 일상의 고통, 그것도 평생의 고생이 절절이 쏟아져 나온다. 허은은 "지난 세월 한 마디로 폐일언하면 못 먹고 못 살았던 이야기뿐이라 부끄럽기만 하다. 바깥어른들 나가서 활동하시는 동안 내가 한 일은 오로지 호구지책에만 매달려 고생한 일뿐이니 어디 가서 교육 받으며 어떻게 개명하였겠는가!"라며 탄식했다.

승리를 기록하되 패배도 감추지 않아야 한다. 그 승패의 앞뒤에서 희생된 수많은 가족들과 민초들도 함께 기록해야 한다. 독립운동사의 이면은 친일매국사이고, 독립운동사의 내면은 작게는 가족들의 수난사이고 크게는 민초들의 희생사다. 청산리 대첩비에 이와 같이 민초들의 희생을 먼저 위무하는 문구 하나가 내게는 큰 감동으로 다가왔다.

그러나 청산리대첩 기념비에서 또 다른 생각도 간과할 수 없었다. 승전 기념비는 당연히 누가 누구와 싸워서 얼마나 크게 이겼고 얼마나 많이 노획했고, 그로 인해 어떤 승전의 효과를 거두었는지를 직설적으로 보여주는 것이다. 일종의 자랑이다. 그런데 "천으로 헤아리는 일본군을 섬멸하였다"고만 되어 있다. 100명이든 1000명이든 구체적인 숫자로 기록하는 게 아니었던가? 이날 현장에서 떠오른 의구심은, 일 년 뒤에 다시 찾아갔을 때나 돌아와서 글로 정리하는 지금도 달라지지 않고 있다.

청산리대첩 기념비를 본 다음날 투먼 근처에 있는 봉오동 전투 기념비를 찾았다. 옌지에서 고속도로를 타고 가다가 투먼시 출구로 빠지자마자 좌회전해서 투왕선图汪线을 타고 조금 북상하면 수이난춘水南村이란 마을이 있다. 마을로 들어가지 말고 그 방향으로 조금 더 가면 펑우저수지凤梧水库의 정문이 나온다. 그 안으로 500미터 정도 들어가면 좌측에 기념비 하나가 보인다. 조선족자치주답게 〈봉오골 반일 전적지〉라는 한글로 되어 있다. 오른쪽 날개에는 "격전에서 일본군 150여 명을 사살했고 10명을 부상 입혔으며 보총(개인화기) 60여 자루와 기관총 3정 및 권총과 탄약 등 무기를 노획하였다."고 기록하고 있다.

숫자가 제시된 것이 청산리대첩 기념비와는 대조적이다. 전적비는 당연히 '깨알 같이 자랑'하는 것이 기본이다. 그런데 왜 청산리대첩 기념비에는 두루뭉술하게 '천으로'라는 말로 모호하게 썼고, 경신참변의 희생자는 2,600명이란 구체적인 숫자를 밝혔을까. 그렇다면 청산리 전투는 작게 승리하고, 구체적으로 2,600명의 목숨으로 되치기 당한 것은 아닌가.

헤이룽장성 하이린시海林市 중심에 있는 한중우의공원 안에는 김

좌진 장군 기념관이 있다. 봉오동 전적지를 찾고 이틀 후에 찾아갔다. 이 기념관에도 청산리 전적에 대해서는 '큰 승리'라고만 되어 있지 전투에서 살상한 일본군의 구체적인 숫자는 없었다. 하이린시 외곽에는 김좌진이 운영하던 금성정미소(海林市 山市镇 道南村 文明路 11-1)도 사적지로 조성되어 있다. 정미소 마당에 김좌진의 흉상이 있는데 그곳 설명에는 '일본군 3,300여명 섬멸'이라고 되어 있다. 금성정미소는 김을동 씨가 회장으로 있는 '김좌진기념사업회'가 주도해서 만들었다. 국내에서 돌아와서도 몇 가지 자료를 더 찾아보았으나 크게 승리했다는 데에는 이론이 없지만, 구체적인 전적은 불분명하다. 독립운동사를 연구하는 역사학자들에게 기회가 되는대로 질문했다.

공통된 답은 '지나친 과장'이라는 것이었다.

김좌진의 측근이었고 해방 후에 대한민국 국무총리까지 지낸 이범석이 청산리 전투의 김좌진 공적을 너무 과장했고, 홍범도는 청산리 전투에 참여하지 않아서 배제했다는 이야기까지 들렸다. 금성정미소의 기록은 김좌진기념사업회에서 주도한 것이다. 그러나 청산리대첩기념비와 한중우의공원의 기념관 등은 중국의 지방정부가 주도해서 세웠다. 봉오동전투기념비를 보고 온 그날 저녁 현지 사정을 잘 아는 조선족 동포 한 사람과 많은 이야기를 나눴다. 그의 설명으로는 청산리대첩기념비를 세울 때 한국과 중국이 주장하는 숫자가 워낙 차이가 커서 꽤나 심각한 논쟁 끝에 아예 숫자를 쓰지 않기로 했다는 것이다.

역사적 사실로서 청산리 전투에서 일본군 몇 명을 살상했는지, 또 기념탑에 숫자가 빠진 것은 어떤 경위였는지 나 같은 일개 여행객이 확인할 도리는 없다. 그러나 이것 하나는 분명한 것 같다. 통상적으로 허용되는 수사적 과장을 넘어서면 과장이 과장을 낳다가 종래에는 사실 자체도 흐릿해지고, 종국에는 그 본질적 의의조차 의심받는다는 것이다. 김좌진, 홍범도가 상대했던 적군은 당시 세계 최강이라 할 수 있는 일본 정규군이었다. 정규군은 피해가 크든 적든 전장에서 물러나온 다음에는 전과와 손실을 세세하게 기록하여 보고하고 병력과 장비를 정비한다. 만일 청산리 전투에서 일본군 3,300명이 살상됐다면 일본 측에 관련 자료가 없을 리 없다. 언론보도는 물론 정보보고에서 병력일보까지 구석구석에서 수없이 다양한 기록이 있을 텐데, 다른 것은 그대로 두고 그것만 완벽하게 숨기거나 조작할 수는 없지 않은가. 주지하다시피 독립운동사 연구의 중요 사료의 하나는 일본의 기록이다. 일본 경찰의 신문조서나 정보보고, 각급 통치기관의 내부기록에서 개인의 비망록까지, 법원의 소송자료와 판결문까지 엄청나다. 그런 많은 자료를 조작해서 3,300명의 전사 사실을 숨길 수 있었을까? 내 생각으로는 3,300명 살상이란 것은 과장이 도를 넘은 것이 분명해 보인다.

나는 국사를 위한 국사가 아니라 세계사 속의 국사를 배우고 가르쳐야 한다고 생각한다. 자칫 국사에 국한해서 '나 홀로 위대한 민족'이라는 자아도취에 빠지면 우물 안 개구리가 될 뿐이다. 관련국이나 관련인사들의 만장일치와 같은 동의를 얻어야만 역사인 것은 아니나 상대방도 상식선에서 받아들일 수 있을 정도로는 객관적이고 진중해야 하지 않을까. 국사에서 독립운동사로 좁혀도 마찬가지이다. 독립운동사를 몇몇 개인의 영웅 스토리로 과도하게 각색하다가 이른바 '한 방에 훅 가는 헛소리'가 되지는 않을까 걱정스러울 때가 있다. 독립투사는 완벽한 성자나 도덕군자도 아니고, 무적의 전사도 아니다. 주저하고 고뇌하고 방황하고 실패하고 후회하고 다시 결단하던 불완전한 개인들이다. 그들의 크고 작은 실수나 오판, 휘청거린 사생활에서 모호한 변절 혐의까지, 완전한 영웅 스토리에는 없기를 바라는 요소들이 들어 있는 게 정상이다. 그것은 그것대로 이해하고 보듬는 것이 또한 역사 바로보기라고 생각한다. 과장과 분칠로 뭔가를 가리는 것은 온당하다고 할 수 없다.

청산리대첩은 위대한 승리와 처참한 보복이 양면을 이루고 있는 독립운동사의 일대 거사였다. 이제 승리에 대해서만 과도한 찬사를 부르지 말고, 객관 사실에 입각해 승리와 피해의 양면을 종합하여 다시 평가하는 작업이 필요한 것 같다. 나는 대첩의 감동은 반감된 채 다음 행선지인 룽징으로 향했다.

옌볜의 룽징^{龙井}에서 한국인들이 가장 많이 찾아가는 곳은 윤동주 유적지이다. 룽징중학교에 있는 윤동주 시비와 흉상, 밍둥촌^{明东村}의 생가 그리고 룽징 외곽의 묘까지. 2017년은 윤동주 탄생 100주년이라 더 많은 사람들이 찾는 듯했다.

 윤동주는 지금의 룽징시 동남쪽 15킬로미터 정도에 있는 밍둥촌에서 태어났고 일본 후쿠오카 형무소에서 옥사했다. 지금은 룽징시 외곽의 공묘에 묻혀 있다. 생가는 밍둥촌을 가기만 하면 쉽게 찾을 수 있지만, 묘소는 안내자가 없으면 찾기가 쉽지 않다. 우선 둥난루^{东南路}를 찾아야 한다. 룽징에서 밍둥촌으로 가는 길이 교외로 나서는 지점에 삼거리가 있는데 그곳에서 좌측(동쪽)으로 갈라지는 둥난로를 안내하는 도로표지가 있다. 둥난로의 동쪽으로는 야트막한 야산이 이어진다. 둥난로에 들어서서 '라오장처창^{老张车床}'이란 큰 간판을 찾으면 된다. 그 간판이 있는 시멘트 포장길로 우회전해서 2킬로미터 정도 올라가면 밋밋한 능선에 닿는다. 능선에서 우회전(남쪽) 해서 다시 2킬로미터 정도 가면 '윤동주의 묘'라는 안내판이 있다. 능선 아래로 조금만 내려가면 쉽게 찾을 수 있다.

 2017년 6월 내가 룽징의 윤동주 묘를 두 번째 찾았을 때에는 동반자 한 사람이 그의 시집을 가져왔었다. 다함께 묵념한 다음에 그의 제안으로 동반자들이 한 사람 한 사람 돌아가며 윤동주의 시를 낭송했다. 〈서시〉, 〈나그네〉, 〈소낙비〉…… 윤동주는 〈서시〉에서 '하늘을 우러러 부끄럼 한 점이 없기를'이라고 시작했다. 그는 이 한 구절로 우리나라 사람들의 마음에 부끄러움을 적셔 놓았다.

사람들의 마음속에 윤동주는 저항시인으로 새겨져 있지만, 사실 윤동주의 작품 대부분은 서정시다. 동시도 상당수다. 그의 시집을 읽거나 그의 생가를 둘러보면 한눈에 알 수 있다. 사실 독립운동사라는 측면에서 보면 윤동주보다는 그의 옆에 있었던 송몽규에게 눈길을 주어야 한다. 윤동주의 아버지 윤영석과 송몽규의 어머니 윤신영이 남매지간이다. 윤동주와 송몽규는 같은 집에서 같은 해에 태어났고, 같은 동네에서 함께 자라온 형제이자 친구였다. 소학교 중학교도 같이 다녔고, 서울 연희전문학교 유학은 물론 일본 유학도 같이 갔다. 죽음에 이른 사건에도 함께 걸려들었고 같은 감옥에서 같은 해에 이십여 일 차이로 세상을 떴다. 죽어서야 눕게 되는 망자의 집 역시 십여 미터 거리를 두고 있다.

송몽규는 1917년 밍둥촌에서 망명 2세로 태어났다. 1932년 4월 은진중학교恩眞中學校에 입학했는데 이때의 동학들 가운데에는 윤동주 외에 나운규, 문익환도 있다. 송몽규는 은진중학 재학 시절인 1935년 4월 중국 난징으로 가서 김구가 국민당의 지원을 받아 개설한 중국중앙육군군관학교의 한인특별반에 2기생으로 입학하여 군사훈련을 받았다. 군관학교 수료 후에 독립운동에 투신하였다가 1936년 3월 산둥성 지난에서 일본 경찰에 체포돼 본적지인 함경북도 웅기로 강제 송환되었다. 그해 8월까지 치안유지법 위반 등의 혐의로 조사를 받다가 석방되었다. 윤동주가 시를 쓰는 쪽이었다면 송몽규는 총을 드는 쪽이었다.

1937년 4월 룽징의 대성중학大成中學에 편입한 뒤 1938년 4월 윤동주와 함께 서울의 연희전문학교 문과에 입학했다. 송몽규는 연희전문 시절에 윤동주, 백인준, 강처중 등과 문학 동인지를 간행하고 품평회를 열며 창작의 꿈을 키웠다. 연희전문학교 졸업 후에는 일본으로 건너가 1942년 교토제국대학에 입학하였다. 함께 유학을 떠난 윤동주는 도쿄의 리쿄대학^{立教大學} 영문과에 입학했다가 교토의 도시샤대학^{同志社大學}으로 옮겼다. 송몽규는 교토에서 윤동주, 고희욱 등과 자주 모임을 가졌는데, 1943년 7월 조선인 유학생을 모아 조선 독립과 민족문화의 수호를 선동했다는 죄목으로 일본경찰에 체포됐다. 송몽규는 1944년 4월 징역 3년을 선고 받고 후쿠오카 형무소에 수감되었다. 함께 수감되었던 윤동주는 1945년 2월 16일 옥사했고, 송몽규도 3월 7일 옥중에서 순국하였다. 1995년 건국훈장 애국장을 수여했다.

이 두 사람은 옥중에서 알 수 없는 주사를 계속해서 맞다가 의문사했다. 정확하게 규명된 것은 아니지만 혈액을 대신할 수혈제를 연구하던 일제가 죄수들을 대상으로 마루타 실험을 하다가 죽음에 빠뜨린 것으로 알려져 있다.

최근에는 영화《동주》(감독 이준익)를 통해서도 송몽규에 대한 관심이 높아졌다. 화가 윤지원은 영화 동주를 통해 송몽규를 알게 되었다. 이미 정해진 전시회가 코앞에 닥쳐 있었으나 밤을 새워 하나의 작품을 전시 목록에 추가했다.

"영화 동주를 보았다. 몽규가 없는 동주는 상상하기 어렵다. 울컥하는 마음에 인터넷을 뒤져서⋯⋯ 우연히 발견한 북간도의 송몽규 생가, 밤을 밝히면서 급히 그려 나갔다⋯⋯ 오래 전 후쿠오카 모모치 해변을 거닐다가 문득, 이 근처에 후쿠오카 형무소가 있었을 텐데 하면서 잠시나마 윤동주를 떠올려본 적이 있다. 앞으로 후쿠오카를 가면 동주와 몽규를 함께 기억하겠다."

송몽규의 집. 2016. 윤지원 작

이렇게 탄생한 그의 유화 작품(50호, 작가 소장)은 2016년 3월 전시회에서 많은 사람들에게 조용히 송몽규의 노래를 들려주었다.

밍둥촌에서 룽징으로 돌아가는 룽베이센龙北线 길가에는 또 다른 독립운동 유적들이 있다. 룽베이센을 따라 가다보면 길에서 동북방향 50미터 안쪽에 3.13반일의사릉이 있다. 3.13은 1919년에 벌어진 옌벤의 3.1운동이다. 그 당시 3만여 조선인들이 룽징에 모여 룽징의 일본총영사관을 향해 반일시위를 했고 일본 경찰이 강제로 진압하면서 17명이 희생당했다. 그 가운데 14인의 묘가 이곳에 안장돼 있다.

밍둥촌에서 룽징으로 가다 보면 3.13반일의사릉 조금 못 미친 지점 좌측에 다리가 하나 있다. 폭은 넓지 않지만 길이가 꽤 되는 다리이다. 이 다리 건너에도 기념비가 하나 있다. 큼직한 화강암에 '탈취15만원사건기념유지'라고 돼 있다. 이 사건은 1920년 1월 4일 간도 국민회 소속의 철혈광복단 단원 6명이 조선인 내부자의 제보를 받고 조선은행 회령지점에서 용정지점으로 가는 현금 수송대를 습격해서 15만 엔이라는 거액을 탈취한 사건이다. 이 사건을 기점으로 옌벤 조선인들의 항일운동은 평화시위에서 무장투장으로 전환한다.

그런데 이 기념비의 비명에 15만 엔 탈취 이후의 이야기는 없다. 이후의 스토리는 윤동주 생가에 있는 명동학교 역사전시관에서 볼 수 있다. 당시 신문보도에 따르면 사건 발생 한 달이 다 되어 갈 무렵 변절자의 밀고로 단원 다섯 명이 블라디보스토크에서 체포되었다. 게다가 탈취했던 현금 가운데 13만 엔은 물론 총과 탄약까지 압수당하고 말았다. 체포된 단원 가운데 셋이 사형을 당하면서 사건은 종결됐다. 그 당시 자금 부족에 허덕이던 독립운동의 실상을 반추해보면 세 사람의 목숨뿐 아니라 13만 엔의 거금이 진한 아쉬움으로 남는다.

첫 번째 룽징 답사에서 체크하지 못하고 두 번째 답사에서 찾아간 곳이 있으니 바로 룽징 시내에 있는 낙연공원이다. 룽징 태생의 한락연韩乐然이란 인물을 기려서 만든 천변의 작은 공원이다. 안으로 들어서면 한락연의 흉상이 있다. 동그란 안경 속에 웃고 있는 그의 눈이 참 부드럽다. 흉상 뒤로는 3층짜리 낙연정이 깔끔하게 세워져 있다.

한락연은 1930년대 이후 지금까지 '중국의 피카소'라는 별칭이 붙어 있는 조선족 화가다. 조선인으로서 중국공산당에 입당한 첫 번째 당원으로도 유명하다. 사실 내가 한락연을 처음 만난 것은 베이징의 중국미술관도 옌볜의 룽징도 아닌, 신중국 영토의 서쪽 끝 신장위구르자치구의 쿠처에 있는 키질석굴이었다. 신장과 간쑤 지역의 실크로드를 여행하던 중이었다. 키질 석굴은 3세기 말부터 개착되기 시작했는데 지금의 중국 영토에서는 최초의 석굴사원이다. 키질석굴의 정문을 들어서면 석굴로 오르기 전에 구마라집(344~413)의 동상부터 마주하게 된다.

간쑤의 둔황이든 신장의 키질이든 류자샤의 빙링사炳灵寺든 석굴사원은 관람객에 대한 통제와 관리가 대단히 엄격하다. 19세기 말 20세기 초에 이미 서양과 일본 제국주의가 탐험이라는 이름으로 엄청난 양의 문화재를 약탈했고 석굴 자체도 크게 훼손되었다. 지금도 자연 풍화와 인공 훼손이 심각한 지경이다. 석굴마다 보기 흉한 알루미늄 섀시로 문을 만들어 붙이고 하나하나 자물쇠를 채워

놓았다. 관람을 할 때에도 석굴 관리소 소속의 안내인이 소그룹별로 인솔해 석굴 하나하나를 열쇠로 열어 보여주고 다시 잠근다. 석굴 안에서는 사진 한 장 찍을 수 없다. 석굴에 입장하기 전에 카메라는 모두 보관함에 유치한다.

내가 키질 석굴에서 한락연을 조우한 것은 2015년 11월이다. 안내인을 따라 석굴 하나씩 하나씩, 사진 한 장 찍지 못한 채 눈으로만 관람하고 있을 때였다. 한 석굴의 문을 열면서 안내인이 이 석굴에 조선인이 있다고 알려줬다. 갸우뚱하며 들어가 보니 누군가의 초상화와 그의 작품(조악한 복사물이지만)들이 석굴 벽에 걸려 있었다. 한락연이란 이름이 선명하게 들어왔다. 자화상도 있었다. 이지적이고도 부드러운 느낌이었다. 한락연이란 존재를 전혀 모르고 있던 나는 깜짝 놀랐다. 서역이란 곳이 21세기인 지금도 한국인 여행객을 구경하기 힘든 곳인데 관리가 상당히 엄격한 석굴 안에 조선인을 위한 전시실이라니!

안내인의 설명에서 '중국의 피카소'란 말이 귀에 꽂혔다. 한참을 들여다보고는 이 자화상만큼은 내 손으로 직접 사진을 찍어야 한다는 생각이 스쳤다. 핸드폰을 꺼냈다. 감시자 역할도 겸하는 안내인에게 부탁했다. 같은 조선인으로서 자화상 한 장만은 꼭 내 손으로 찍었으면 좋겠다고. 순간적으로 머뭇거리던 그녀는 천정 구석에 설치된 CCTV를 흘깃 쳐다보았다. 그리고는 "부랑파이자오^{不让拍照}(찍는 것은 허용되지 않아요)"란 말만 웅얼거리듯 반복했으나 손으로는 마치 얼른 찍으라는 듯한 제스처를 했다. 나는 핸드폰으로 한락연의 자화상을 정성스레 담았다. 가이드는 CCTV 때문에 찍으라는 말을 할 수는 없었던 것이다. 물론 가이드의 말대로 인터넷에서 그의 사진을 구하는 것은 쉬운 일이다. 그러나 누군가 마음에 와 닿으면 사진도 스스로 정성껏 찍고 싶지 않은가.

그 다음해인 2016년 2월 타이항산에서 조선의용군을 찾아간 길에 작곡가이자 독립운동가인 정율성을 만났다. 그가 조선의용군 출신이자 중국 인민해방군가를 비롯한 수많은 곡을 작곡한 걸출한 음악가임은 꽤 알려져 있다. 일제 강점기에 중국으로 흘러간 조선인들은 아편과 매춘 같은 사회 밑바닥에서부터 혁명에 이르기까지 다양한 궤적으로 시대를 견뎠다. 그 가운데 예술가로서의 조선인이란 범주가 눈에 들어오기 시작했다.

정율성은 하얼빈에 그의 기념관(友谊路 233号)이 있다. '인민음악가 정율성 기념관'이란 다소 긴 이름의 전시관이다. 쑹화강 강변공원과 중앙대가에서도 멀지 않아 찾기도 쉽다. 2017년 마지막 답사여행에 찾아갔다. 타이항산에서 몇 번 마주했으나 전시 내용은 하얼빈의 기념관이 훨씬 충실했다.

그러자 또 한 인물이 내게 다가왔다. 독립운동과는 전혀 관계없는, 1930년대 상하이에서 '중국 영화의 황제'라는 칭호를 받은 김염이 머릿속에 등장했다. 오래 전 영화사 책임자였을 때 김모 프로듀서에게 들었던 이름이다. 김염은 세브란스의학전문학교 1회 졸업생이자 최초의 한국인 서양의사인 김필순의 삼남인데, 그의 고모부가 바로 김규식이다. 김필순은 의사로 돈을 벌어 독립운동을 후원하다가 체포될 위기에 몰리자 만주로 망명했다. 몇 곳을 거쳐 헤이룽장성 치치하얼齐齐哈尔에서 조선인 농장을 만들어 독립운동의 기지를 건설하려다 일제 밀정에게 독살당한 인물이다. 훌륭한 독립운동가였다.

김염은 독립운동가 아버지의 길을 가지 않았다. 십대 시절에 눈

에 꽂힌 영화의 세계로 나섰다. 집안 어른들의 반대에 부딪혔지만 두 번씩 가출하면서 끝내 상하이의 영화사를 찾아갔다. 처음에는 무급사환 정도의 신분으로 들어갔으나 결국 걸출한 배우로 성공했다. '중국 영화의 황제'라는 칭호도 그때 얻은 것이다. 그는 독립운동에 참여하지 않았고 중국공산당에 가입하지도 않았다. 그러나 자신이 선택한 중국 영화계에서 영화인으로 일생을 충실하게 살았다. 그렇다고 상하이를 점령한 일본에 협조하지도 않았다. 신중국이 탄생한 이후 김염은 국가 일급배우로 지명됐다. 장관급 대우로 영화인으로서는 최고의 지위였다. 독립운동가의 가족으로서 망명국 현지 사회에서 성공한 보기 드문 사례다.

김염의 자세한 스토리를 알게 된 후 2017년 2월 상하이에 있는 그의 묘를 찾아갔다. 훙차오 공항에서 30킬로미터 정도 거리에 있는 복수원福壽園이란 묘원이다. 칭푸구의 와이칭쑹공로 7270-600호(青浦区 外青松公路 7270弄 600号)에 있다. 택시를 타면 요금이 90위안 정도다. 복수원 정문(2호문)으로 들어가서 60미터 정도 직진한 다음에 왼쪽으로 조금 들어가면 긴 의자에 누워 있는 여배우의 상이 있다. 김염 시대의 가장 유명한 중국 여배우였고 김염과도 많은 작품에 같이 출연한 바 있는 여배우 롼링위阮玲玉이다. 롼링위 바로 안쪽에 김염의 묘가 있다.

이렇게 중국으로 망명한 조선인 출신으로 독립운동에 직간접으로 연관되고, 중국에서 평가받는 조선인 예술가라는 범주가 내 머릿속에 자리 잡게 되었다. 그러고는 한락연을 다시 들여다보면서 룽징에 낙연공원이 있다는 것을 최근에야 알아차린 것이다.

2017년 6월 초순 어느 날 그의 공원을 찾아갔다. 저녁 식사 후

지도를 참고하여 숙소에서 나와 걸어갔다. 거의 다 온 듯한 지점에서 현지 중년 부부에게 낙연공원이 어디냐고 물었다. 실망스럽게도 고개를 가로저었다. 그러나 30미터 정도 더 걸어가니 낙연공원이란 커다란 표지석이 있지 않은가. 같은 동네 살아도 공원 이름을 모르듯 나 역시 한락연을 전혀 모르고 있었으니…….

한락연은 1898년 룽징에서 태어났다. 송몽규와 마찬가지로 간도 2세이다. 부친이 일찍 세상을 뜨는 바람에 소학교 졸업 후에는 전화국과 관세사무소 등에서 일을 하며 돈을 벌고 틈틈이 그림을 그렸다. 1919년 만주에서 3.13 반일시위가 일어났을 때 한락연은 밤을 새워 태극기를 그렸다. 그러나 3.13 반일시위가 일제에 진압되면서 한락연은 블라디보스토크로 피신했다. 1920년에는 상하이에서 고려공산당 창건에 참여했고 대한민국 임시정부에 들어가 호위위원이 되었다. 1921년에는 상하이 미술전과학교에 들어가 본격적으로 미술을 공부했고, 1923년 중국공산당에 가입했다. 조선인으로서 입당 1호였고 중국 미술계에서도 1호였다. 이 해에 첫 번째 개인 전시회를 열었다.

1924년에 선양으로 파견되어 만주지역 공산당의 초기 영도자가 되었다. 여기에서도 전시회를 열었는데 서울의 동아일보는 '예술계의 수재'라고 보도하기도 했다. 선양에 봉천미술전문학교를 열어 교장으로서 미술교육에도 힘을 쏟았다. 1925년에는 공산당의 주선으로 3개월여 소련으로 유학을 다녀왔다. 돌아와서도 선양에서 각종 반일 반봉건 시위를 주도했다. 하반기에는 하얼빈으로 가서 미술 교사를 하면서 지식인 사회를 대상으로 공산당 조직 활동을 했다. 이후 만주 지역에서 전시회도 열고 출판도 하고, 낙연사진관

을 열어 공산당 비밀 조직활동을 계속했다.

한락연 인생에 또 하나의 전기는 공산당의 지원으로 1931년 파리 루브르 예술대학으로 유학을 간 것이다. 이곳에서 공부하면서 프랑스 신인상파의 영향을 많이 받았다. 그는 유럽 각국을 다니면서 개인전을 열었고 중국 유학생들을 중심으로 반제국주의 활동도 주도했다. 그 당시 장쉐량과 공모하여 시안사변을 일으키고 장제스에게 국공합작을 강요했던 서북군의 영수 양후청楊虎城이 유럽으로 쫓겨와 있었다. 1937년 중일전쟁이 터지자 양후청은 항일전쟁에 참전해야 한다면서 귀국했는데 한락연은 그를 호위하여 동반 귀국했다.

1938년 초부터 종군기자를 하면서 중일전쟁의 전장을 누비기도 하고, 국공합작 일선에서 간부로 활동하기도 했다. 물론 옌안의 공산당 중앙과 타이항산의 팔로군과 비밀 연락을 주고받았다. 그가 중국인 류위샤劉玉霞와 결혼한 것은 1939년의 일이다. 1940년 봄에 산시성 전선을 시찰하고 충칭으로 돌아오는 길에 국민당 특무에게 공산당 활동 혐의로 체포되어 시안으로 끌려갔다가 1943년이 되어서야 가석방 되었다.

1944년에는 공산당 조직위원회로부터 간쑤, 신장, 칭하이 등 서북지역 해방을 위한 비밀 임무를 부여받고 간쑤성 란저우로 갔다. 한락연은 란저우와 우루무치를 오가면서 공개적으로는 화가이자 석굴벽화 연구가로 활동했다. 키질석굴과 둔황석굴의 벽화를 하나하나 임모臨摹하면서 체계적으로 연구를 하는 한편 서북지역 소수민족의 소박한 일상생활을 화폭에 담았다. 서역의 많은 석굴들이 서양과 일본에 약탈당하고 훼손된 이후 중국 측에서 석굴 벽화를 제대로 연구한 최초의 인물이 바로 한락연이다. 지금까지 남겨진 그의 작품 상당수도 바로 이 시기에 그린 것들이다. 이런 연유로 키질 석굴의 승방굴 하나를 아예 한락연 전시관으로 조성한 것이다.

1947년 우루무치에서 20번째 전시회를 열고 비행기를 타고 란저우로 돌아오는 길에 조난사고로 세상을 떠났다. 그의 나이 49세였다. 사후에 그의 부인은 남겨진 작품 135편을 모두 국가에 기부했다. 그의 작품들은 고궁박물원과 중국역사박물관을 거쳐 지금은 베이징의 중국미술관에 영구소장 되어 있다.

1993년 한중 수교 1주년 기념으로 서울에서 〈조선족예술혼 천재화가 한락연 유작전〉이 열렸었다. 2007년에는 대한민국 광복60주년을 기념하면서 한락연에게 대통령 표창을 수여했다. 1920년 상하이에서 임시정부 호위위원 직을 수행했던 것에 대한 포상이다. 당시의 훈격은 건국훈장, 건국포장, 대통령표창 등 3단계였는데 한락연에게 주어진 것은 제일 낮은 대통령표창이었다. 3.13반일시위, 임시정부 호위위원 등을 제외하면 그의 활동은 직접적인 독립운동과는 거리가 있었기 때문이다.

그러나 정부의 직접 포상과는 별도로 한국의 국립미술관과 중국의 중국미술관이 공동으로 서울에서 한락연 전시회를 열었다. 훈격과는 무관하게 한락연이란 예술가를 제대로 평가했기 때문이다. 2011년에는 한락연 연구회가 중국의 각지에서 열려 관련 자료를 수집하고 5월에는 룽징의 낙연공원에 그의 동상이 세워졌다. 6월에는 베이징의 중국미술관이 그의 작품 133점을 전시했다. 그의 인생행로가 우리에게는 잘 알려지지 않았지만 결코 가벼이 넘길 수 없다고 생각했다.

잠시 윤동주로 다시 돌아가 보면 그의 생가에는 많은 시가 큼직한 돌판 등에 새겨져 전시돼 있다. 그 가운데 반 정도는 중문 번역도 함께 있었다. 밍둥촌 서기의 설명에 따르면 한국의 어느 신문이 윤동주 시의 중문 번역에 대해 '문학에서의 동북공정'이라고 비난했는데, 실상은 그게 아니고 윤동주를 좋아하는 중국인도 적지 않아서 일부러 중문 번역까지 해둔 것이라고 한다. 우리만의 윤동주는 아니라는 뜻이다.

옌볜 출신의 시인 윤동주와 미술가 한락연, 광주 출신의 음악가 정율성과 서울 출신의 영화배우 김염…… 독립운동에 참여한 정도가 각각 다르고, 한국인과 중국인이 느끼는 존재감이 서로 다른 이들 네 예술가들을 한 묶음으로 보게 된다. 아무리 타국으로 망명해서 떠돌며 분투하며, 거칠고 힘겹게 살았다고 해도 자신의 에너지를 작품으로 피워낸 예술가들이다. 재중 조선인들의 자랑이라거나 우리 민족의 우월성 따위의 상투적인 분칠을 할 필요는 없다. 그저 그들의 생애와 그들의 작품을 다시 한 번 음미하고 공감하는 것으로 충분하다. 그런 면에서 윤동주와 송몽규의 묘에서 후두둑 떨어지는 비를 맞으면서 그의 시를 낭송하고, 옌볜 박물관에서 한락연의 화보를 집어 들던 동반자들의 감성이, 그리고 광주직할시에 정율성의 이름을 딴 거리를 조성한 지방정부의 역사의식이, 지난 2월 상하이에서 김염의 묘를 찾아갔을 때 기꺼이 동반해준 두 아들들의 성의가 새삼스레 아름답고 다시 한 번 뿌듯하다.

이제 남만주를 떠나 북만주로 갈 차례이다. 이번 답사여행의 끝자락이다.

10
만주 벌판 최후의 파르티잔, 허형식

김일성과 박정희를
조연으로 세운다

만주 3

동북항일연군의 허형식

내가 중국에서 독립운동 역사의 현장과 흔적을 찾아다닌 것은 메마른 황토고원 옌안에서 독립동맹과 조선의용군의 조선혁명군정학교 표지를 마주하면서 움이 트기 시작됐다. 그리고 육사가 '광야'에서 노래한 '초인'의 실제 모델이 '만주의 마지막 파르티잔 허형식'이란 대목에서 추진력이 불붙었다. 그렇게 2015년 9월 시작된 일련의 답사여행은 일단 2016년 8월 만주지역 답사여행이 마지막이었다. 9일간의 일정으로 선양에서 시작해서 시계 반대 방향으로, 신빈현의 이홍광과 양서봉, 지린시의 의열단 창단지, 옌벤의 밍둥촌과 청산리와 봉오동, 하이린의 김좌진을 거쳐 하얼빈에 도착했다.

일부러 그렇게 한 것은 아니지만 마지막 답사여행의 마지막 답사지가 허형식 희생지였다. 쑤이화시绥化市 청안현庆安县 다뤄진大罗镇에 있다

许亨植，曾化名李熙山，男，朝鲜族，中共党员，历任中共北满省委委员、抗联第九军政治部主任、第三路军总参谋长等职。1936年到1942年，率领抗联部队在庆城、巴彦一带与日本侵略军作战，立下赫赫战功。1942年8月2日晚，他率领三名抗联战士视察抗联活动，在青峰岭一带，同匪首国长有挺进队遭遇，双方发生激烈战斗，不幸中弹身亡，时年33岁。

　　一代抗联名将，英年早逝，功载青史。

는 것만 알고 다섯 명의 지인과 함께 하얼빈에서 아침 9시에 길을 나섰다. 하얼빈에서 1111번 고속도로를 타고 북으로 올라가 쑤이화를 지나 칭안진에서 일반도로로 내려왔다. 내비게이션에 따라 016번 현도를 찾은 다음 그 길을 따라 남으로 한참이나 달려 다뤄진에 도착했다. 끝도 없는 옥수수 바다 속에 빼꼼히 얼굴을 드러내고 있는 농촌이었다. 여기까지 하얼빈에서 196킬로미터. 예상보다 시간이 많이 걸리는 바람에 소지하고 있던 비상용 간식으로 시장기를 때웠다.

다뤄진에서 차를 세우고 현지인들에게 허형식 기념비의 위치를 물었다. 주저 없이 이 길로 더 가라는 답을 들었다. 시멘트로 포장한 시골 길을 따라 갔다. 좌우로는 크지 않은 가로수들이 늘어서 있었다. 도로 양편에 방풍림을 친 것이다. 그렇게 약 5킬로미터를 더 들어가니 앞쪽으로 도로 좌측에 뭔가가 보이기 시작했다. 차를 세우고 보니 높이 5~6미터는 되어 보이는 비가 하나 있었다. 허형식 희생지라는 문구가 날렵하고도 힘찬 글씨체로 쓰인 기념비였다. 드디어 마지막 답사지점까지 온 것이다.

기념비 앞의 향로에는 누군가 올려놓은 향 몇 개가 꺼진 채 꽂혀 있었다. '항련(동북항일연군의 약칭) 제3로군 총참모장 허형식 희생지'라는 금색 글씨가 만주의 뜨거운 햇살을 받아 홀로 빛나고 있었다. 비를 세운 지 오래되어 보이지는 않았다. 자료 사진과 비교해보니 새로 세운 것이었다. 뒷면의 비명을 읽어 내려갔다.

"허형식, 이희산이라고도 한다. 남^{男}, 조선족, 중국공산당원. 중공 북만성위원회 위원, 동북항일연군 제9군 정치부 주임과 제3로군 총참모장 등을 역임했다. 1936년부터 1942년까지 동북항일연군을 이끌고 칭청^{庆城}, 바옌^{巴彦} 일대에서 일제 침략군과 전투를 벌여 혁혁한 공을 세웠다. 1942년 8월 2일 밤 세 명의 전사를 대동하고 연군 예하부대를 시찰하다가 청봉령 일대에서 만주국 토벌대와 조우하여 격렬한 전투를 벌이던 중 불행히도 총에 맞아 33세로 사망했다."

만주 평원에 길게 늘어진 시골길, 노변에 세워진 키가 훌쩍 큰 기념비, 기념비에서 눈을 떼면 달리 시선을 줄 곳도 없다. 지인들과 함께 묵념을 했지만 조금 긴 침묵이었을 뿐. 누군가의 애석한 죽음 앞에서 말이 없어지는 게 인지상정이지만, 허형식 앞에서는 유난히 더 그랬다.

허전한 마음으로 발길을 돌렸다. 9일간의 예정된 답사를 모두 끝냈으니 이제 하얼빈으로, 다시 서울로 돌아가는 일만 남았을 뿐이다. 하늘을 덮은 것 같던 장구한 역사는 금세 사라지고 당장의 시장기가 걸음을 더디게 했다. 칭안현까지 나와 식당을 찾아 서둘러 몇 가지 음식을 주문했다. 그러고는 하얼빈으로 휑하니 돌아왔다. 차안에는 조금 무거운 공기가 흘렀다. 동반자 한 사람이 차창 밖으로 무심히 사진을 찍다가 핸드폰을 떨어뜨리는 사고도 났다. 하얼빈에 가까워지자 주말 오후여서인지 고속도로에 정체가 심했다. 다들 피로가 누적된 게 역력했다. 내 머릿속에도 뿌연 피로감이 가득 찼다.

나를 이렇게 허전하게 만든 허형식은 누구인가. 동북항일연군이 일제의 혹독한 토벌에 밀려 1940년 가을부터 국경을 넘어 소련으로 피신했지만 허형식은 끝까지 북만주에 남아 유격전을 벌이며 저항했다. 소련으로 넘어가 혁명역량을 보존하라는 중국공산당의 지시를 사실상 거부한 것이다. 그런 와중에서 펑러진^{丰乐镇} 전투를 포함한 삼조평원^{三肇平原}의 전투 같은 빛나는 승리도 거두었다. 그의 승전보는 일제의 강력한 군사력에 숨죽이고 있던 만주의 중국인과 조선인들에

동북항일동맹군 제4군 사령부 행영지

게 투쟁의 희망을 이어가는 소중한 혁명자산이었다.

1942년 8월 2일 허형식은 동북항일연군 제3로군 총참모장으로 칭안현 현지 지도를 나갔다. 임무를 마치고 경호원 셋과 함께 이동하다가 청송령 부근에서 야영을 했다. 새벽에 일어나 밥을 지으려다가 일제의 앞잡이 만주국군에 발각됐다. 치열한 전투가 벌어졌다. 중과부적 속에서 그는 희생됐다. 다음날 그의 수급은 칭안현 경찰서 앞마당의 긴 장대 끝에 매달렸다.

"공비 대두목 이희산"

이희산은 허형식의 가명이고, 공비 대두목은 일제가 규정한 허형식의 정체성이다. 그는 일본제국주의가 1만 위안의 현상금과 1계급 특진을 걸었던 만주 항일 파르티잔의 거물이었다. 경호원 하나가 살아남아 그의 죽음을 동지들에게 전했다. 동지들이 허형식의 시신을 찾아 나섰다. 산짐승들이 훼손했는지 뼛조각 몇 개만 겨우 발견할 수 있었다. 동지들은 약간의 뼈를 수습해 그곳에 평장으로 무덤을 만들었다. 동지들은 허형식의 가족에게 소식을 전했고 사흘 뒤에 가족들이 찾아와 무덤에 참배했다.

허형식이 전사한 뒤 북만주 잔류 유격대원들의 현지 지도는 허형식의 평생 동지였던 김책(후일 북한 부수상을 역임했다. 그의 공적을 기려서 함경북도 학성군과 성진시가 김책군과 김책시로 각각 개명됐다)이 계속 이어갔다. 그러나 잔류 대원들도 하나둘씩 희생됐고, 김책은 1943년 10월 소련에 피신해 있던 동북항일연군 본부의 명령을 받고 소련으로 복귀했다. 그렇게 해서 북만주의 항일 무장투쟁은 일제가 패망할 때까지 완전한 적막 속으로 빠져들었다. 간간이 정탐대원들이 비밀리에 정찰활동을 몇 번 했을 뿐이다.

2016년 8월의 답사여행을 마치고 귀국한 다음 전체 답사기를 글과 사진으로 정리하기 시작했다. 마지막 단원이 허형식이었다. 그러나 차례대로 써나가던 글이 허형식에 가까워질수록 알 수 없는 허전함에 눌리고 있었다. 두어 달이나 허전함에 시달리다가 그 이유를 찾아냈다. 허형식 희생지라는 기념비 하나로는 그의 삶과 투쟁을 실감하지 못하는 나의 둔감함이었다. 그런데 또 다른 이유가 있었다.

 그것은 우리 20세기 현대사의 골격을 이루고 있는 김일성과 박정희란 두 거물이었다. 김일성은 허형식과 같은 무대에서 같은 항일연군의 중요 간부로 활동했으나 끝까지 살아남아 북한의 최고 권력자가 되었다. 김일성은 분단과 전쟁의 장본인이고, 정치적 경쟁자를 모두 숙청하고 자신의 권력을 삼대에 걸쳐 세습하는 놀라운 신공을 발휘했다. 김일성은 사망했으나 오늘날 우리의 현실에서 대단히 큰 장벽이다.

 박정희도 허형식, 김일성과 뗄 수 없는 존재다. 그는 허형식이 태어난 구미시 임은동의 경부선 철도 건너편인 상모동에서 태어났다. 사범학교 졸업 후에 안정된 교사 생활을 접고 출세의 꿈을 안고 만주로 건너가 1939년 만주군관학교에 들어갔다. 군관학교를 우수한 성적으로 졸업하면서 일본 육군사관학교에 편입까지 했다. 졸업 후에 촉망받는 조선인 출신 일본군 장교가 되어 다시 만주에 부임했다.

 허형식과 같은 구미에서 태어났으나 그의 젊은 날은 허형식과는 정반대의 길이었다. 일제 패망 이후 살아남은 박정희는 전쟁과 분단이란 살벌한 정세를 헤치고 쿠데타까지 일으켜서 남한의 최고 권력자가 되었다. 자신뿐 아니라 그의 여식이 그의 아우라를 받아 대통령이 되었으나 지금은 대통령직에서 파면 당했다. 게다가 감옥에 갇힌 채 형사재판을 받는 신세가 되어 있다. 그럼에도 불구하고 박정희가 20세기는 물론 21세기 남한의 현실을 구성하는 강력한 한 축인 사실은 변함이 없다.

허형식을 이야기하면서 그와 연관이 있는 두 거물을 거론치 않고 마무리를 지으려니 둔탁한 허전함에 허덕였던 것이다. 2017년 5월 초 구미를 찾아갔다. 허형식의 출생지인 임은동의 왕산허위기념관과 생가 터 등을 둘러보고, 임은동과 가까운 상모동의 박정희 생가도 둘러봤다. 그리고 5월 말에는 허형식이 성장기를 보낸 하얼빈시 빈안진이란 마을과 삼조평원 전투가 있었던 곳의 하나인 펑러진, 박정희가 졸업한 만주군관학교 자리, 김일성이 다녔던 지린시의 육문중학毓文中学을 내 발로 걸어서 내 눈으로 확인하고자 하얼빈행 비행기에 다시 몸을 실었다.

허형식은 1909년 의병장 왕산 허위의 사촌인 허필의 아들로 태어났다. 지금 왕산 허위의 기념관 바로 아랫동네이다. 허형식은 태생 자체가 독립운동이었다. 허위로 대표되는 허형식의 가문은 시대가 변할 때마다 그 시대에 걸맞는 독립운동가들을 배출했다. 허위를 비롯해 많은 친족들이 1890년대 1900년대 의병투쟁에 목숨과 재산과 열정을 바쳤다. 1910년대에는 대가족 대부분이 만주로 망명하여 독립군 기지 개척운동에 힘을 쏟았다. 허형식의 숙부들은 물론이고 사촌과 육촌 형제들도 독립군 활동에 가담했다. 1930년대 일제의 만주 침략 전후로 허형식은 중국공산당에 입당하여 무장 항일투쟁에 몸을 던졌다. 그의 가문만 보아도 항일투쟁의 단계별 역사가 고스란히 드러난다. 진정으로 위대한 독립운동 가문이다.

왕산 허위 기념관 아래 큰 길을 건너 동네 안쪽으로 조금 들어가면 허위 생가 터가 작은 공원처럼 깔끔하게 조성돼 있다. 이 동네에서 허형식도 태어난 것이다.

허형식은 1915년 여섯 살 시절에 가문의 망명길에 얹혀 압록강 건너 퉁화현으로 이주했다. 1920년대에는 헤이룽장성 우창현五常縣으로 이사했고, 1929년에는 현재의 하얼빈시 빈현 빈안진宾安镇(당시에는 자반잔枷板站)으로 이사했다.

빈안진은 하얼빈시의 빈현에 속하지만 시 중심에서 동쪽으로 100킬로미터 정도 떨어진 농촌이다. 하둥고속哈东高速이라고도 부르는 1011번 국도를 타고 가다가 빈현에서 201번 국도로 갈아타고 간다. 운행거리는 110킬로미터지만 두 시간은 족히 가야 한다. 마침 빈안진을 찾아간 날은 비가 촉촉하게 내렸다. 허형식에 관해서는 작은 표지 하나도 없었지만, 나는 그 거리에 서보고 싶었다.

빈안진의 중심거리는 201번 국도다. 1킬로미터 정도 거리에 약간 번화한 시골장과 점포가 늘어선 것이 전부였다. 마을 초입에는 작은 개천이 흐르고 있었다. 현지 경찰에게 물으니 자반하枷板河라 한다. 허형식과 관련된 자료에 종종 등장하는 지명의 하나였다. 식당도 변변치 않아 두어 번이나 오가다가 겨우 하나 발견해서 한 끼를 때웠다. 마을 거리를 걸어보았으나 관련 표지판 하나 없는 곳에서 내 상상력은 그저 막막함뿐이었다. 내가 할 수 있는 일은 〈허형식 연구-동북항일연군내 주요 한인 지도자의 항일투쟁 사례검토〉라는 장세윤 박사의 논문과 《허형식 장군》이란 박도의 실록소설을 꺼내 보는 게 고작이었다.

이곳 빈안진에서 허형식은 항일투쟁에 본격적으로 나서기 시작했다. 당시 하얼빈 일대에는 주로 조선의 중남부 출신들이 많이 이주하여 소작으로 연명하고 있었다. 식민지 출신의 망국노^{亡國奴}인 동시에 중국인 지주 하의 소작농들이었다. 자연스럽게 진보적인 인사들의 농민운동이 일찍부터 뿌리를 내려가고 있었다. 이 지역 농민운동에서 선도적인 역할을 한 인물이 바로 조선공산당 만주총국 군사부장인 최용건(훗날 북한 부주석 역임)이었다. 허형식은 빈안진으로 이주한 다음 최용건과 만나게 됐다. 1930년 초에는 중국 공산당에 정식으로 입당했다. 당시는 코민테른의 일국일당 원칙에 따라 중국 내의 조선공산당은 자체 조직을 해체하고 조선인들이 중국공산당에 입당하는 시기였기 때문이다.

　허형식은 1930년 5월 1일 노동절 투쟁의 일환으로 하얼빈의 일본 총영사관을 맨손으로 습격하는 데 앞장을 섰다. 허형식으로서는 공개적인 데뷔 무대가 된 셈이다. 당시의 일본 총영사관은 하얼빈역 근처의 홍쥔가^{红军街} 188호다. 그러나 2017년 초에 시작된 하얼빈역 재건축을 위해 하얼빈역 인근까지 통째로 철거한 바람에 대강의 위치도 파악하기 힘든 상태가 됐다. 아쉽기는 하지만 어쩔 수 없는 일이었다. 안중근 의사가 체포되어 감금되었던 일본 총영사관은 당시의 건물은 없어졌으나 그 자리에는 화위안소학교^{花园小学}가 있다.

　허형식은 일본 총영사관 습격 현장에서 만주 경찰에 체포되었으나 얼마 후에 풀려났다. 이후 계속해서 대중적인 투쟁에 나서다가 1930년 가을 중국 공안당국에 공산분자라는 혐의로 체포되어 선양 감옥에 투옥되었다. 이때 감옥에서 평생 동지를 만났으니 그가 바로 김책이었다.

　1931년 일본 제국주의가 만주를 침략하자 동북군벌 계통의 일부는 곳곳에서 유격대, 자위군, 자위대 등의 이름으로 항일 무장투쟁에 나섰다. 일제의 만주 침략 이후 1930년대에 조선인들의 항일운동은 대부분 무장투쟁이었는데, 민족주의 계열과 사회주의 계열로 나뉘었다. 민족주의 계열의 양세봉과 이청천은 앞의 글에서 찾아보았다. 사회주의 계열은 상당수가 코민테른의 일국일당 원칙에 따라 중국공산당에 합류하여 항일투쟁을 벌였다.

이 시기의 무장투쟁은 세 단계로 구분할 수 있다. 1931년부터 유격대가 곳곳에서 만들어져 투쟁을 벌였던 시기가 첫 단계이다. 두 번째 단계는 1933~35년으로 동북인민혁명군으로 통합되어 투쟁했다. 이 단계에서 중국공산당과 조선인의 영웅이었던 인물은 앞의 글에서 찾아보았던 이홍광(1910~1935)이다. 1936년부터 동북항일연군(1~11군)으로 개편되었다. 동북항일연군에서 유력한 조선인 지도자를 꼽는다면 허형식과 김책, 최용건, 김일성 등이다.

허형식은 1932년 중국공산당 만주성위원회 산하의 빈현 지부에서 선전과 조직 활동을 하다가 1933부터는 탕위안현^{湯原縣}으로 가서 중공 항일유격대 창설을 지원하고, 곧이어 주하반일유격대 창설도 지원했다. 1934년 6월에는 동북반일유격대 하둥^{哈東}(하얼빈의 동쪽을 지칭하는 말)지대 제3대대의 정치지도원이 되었다.

1935년부터는 허형식에게도 동북인민혁명군 직책이 이어졌다. 동북인민혁명군 제3군 1독립사 2단장(지금의 중대장급), 제3단 정치주임을 역임했다. 줄곧 무장투쟁의 현장이었다. 그 다음은 동북항일연군 간부로서 이어진다. 1936년 9월에는 중국공산당 북만임시성위원회 위원 겸 동북항일연군 제3군 1사 정치부 주임이 되고, 이후 동북항일연군 이동판사처 주임, 제9군 정치부 주임, 제3군 1사장….

1939년에는 동북항일연군 제3로군 총참모장 겸 3군장, 다음해에는 총참모장 겸 12지대 정치위원으로 북만주 항일 무장투쟁을 주도했다. 1940년 가을 겨울에 동북항일연군은 국경을 넘어 소련으로 피신했으나 허형식은 그대로 자기 위치를 고수했다. 1941년 초에는 일제의 살벌한 공격에도 살아남은 동북항일연군 제3로군의 2백여 전사들을 총괄해서 지휘했다. 이 시기에 벌였던 허형식의 항전 가운데 펑러진의 승전이 있다.

2017년 5월 말에 하얼빈으로 가서 빈안진 다음에 펑러진을 찾아갔다. 이곳 역시 허형식과 관련해서는 어떤 표지도 남아 있는 것은 없다. 하얼빈 시 중심에서 직선거리로 서쪽 90킬로미터 거리다. 실제로는 서북방향으로 다칭^{大庆}으로 가는 고속도로를 타고 가다가 자오둥^{肇东} 출구에서 내려와 다시 서남방향으로 50킬로미터 정도를 가면 된다. 가는 길은 내내 평원이다. 이 지역은 자오둥^{肇东}, 자오저우^{肇州}, 자오위안^{肇源}으로 이어지는데 보통 이를 묶어 삼조^{三肇} 평원이라고 한다. 야트막한 구릉 하나도 없다. 5월 말이라 10~20센티미터 정도 자란 어린 옥수수들이 가까운 밭에서 하늘거리고 먼 밭에서는 지평선을 그리고 있었다. 도로변의 가로수마저 없으면 강렬한 태양에 눈을 제대로 뜨지 못할 듯한 트인 공간에 드러난 길이다.

펑러진^{丰乐镇} 중심으로 들어섰다. 넓지만 지저분한 대로가 십자로 교차하고 추레한 점포들이 늘어서 있을 뿐 특별한 것은 없었다. 배후지가 모두 농촌이니 그럴 수밖에 없다.

1939년 9월 허형식 부대는 펑러진을 기습 공격했다. 진장을 체포하고 나머지 경찰들도 모두 무장을 해제했다. 은행과 창고를 털어 현금 16만 위안과 금 60여 냥, 양곡도 수백 부대 노획했다. 이 가운데 현금 10만 위안과 비축 군량미를 제외하고는 주민들에게 나눠 주었다. 펑러진을 철수하면서는 경찰서와 성문의 포루에 불을 질렀다. 그다음 자오위안도 공격했다. 자오위안에서 철수하면서 하얼빈으로 가는 철도를 파괴하고 일본군 군용열차도 전복시켰다. 일본은 허형식을 잡으려고 혈안이 되어 있었으나 번번이 놓치기만 했다. 이 시기에는 만주의 항일 무장투쟁 대오가 상당수 사라진 상태였으니 허형식은 그 출현 자체만으로도 항일투쟁의 희망인 셈이었다.

펑러진 사거리를 혼자 걸었다. 과연 지금 이곳에 사는 사람들은 그때의 총격과 충격, 그리고 할아버지 할머니들이 가졌을 일제에 대한 공포와 항일의 희망을 기억하고 있을까. 길가에 널린 쓰레기가 유난히 더 많아 보였다. 평상시에는 역사가 일상에 묻히는 게 사람들의 삶이다. 그들이 일일이 기억하지 못한다고 탓할 일은 아니다. 그러나 지방정부나 학술기관 등에서 나서서 작은 표지라도 하나 세워두면 어떨까 하는 소망을 웅얼거리는 것 말고는 내가 할 수 있는 일은 없었다.

1940년대에 들어서면서 펑러진 전투처럼 이따금씩 이어지는 무장투쟁의 소식은 중국인이나 조선인 모두에게 가늘지만 질기고 뜨거운 희망이었다. 그러나 그리 오래가지는 못했다. 1942년 8월 3일 새벽, 허형식은 청송령 어느 산속에서 격렬한 총격전 끝에 전사하고 말았다.

일본 제국주의는 만주를 침략한 이후 갈수록 강력한 군사작전을 펼쳤다. 최후에는 소련과 일전이 불가피하다고 판단하고 이에 대비한 사전 정지작업으로 만주의 반일 무장대오를 공격해나간 것이다. 특히 1936~38년의 만주치안숙정계획에 의한 작전은 살광殺光, 소광燒光, 창광搶光의 삼광이란 말로 압축하곤 했다. 무장이든 비무장이든 가리지 않고 죽여 없애고, 군사거점이든 살림집이든

깡그리 태워 없애고, 모든 물자를 강탈하여 씨를 말리는 작전이었다. 자체의 관동군 병력을 40만에서 76만으로 대폭 증강하고, 괴뢰 만주국 군대와 경찰까지 총동원하여 항일의 기운이란 기운은 싹까지 탈탈 털어낸 것이다.

일본 제국주의의 강력한 군사작전으로 인해 1932년 30만 명 정도로 추정되던 만주의 항일 무장투쟁 세력은 1938년 만주치안 숙정계획이 끝난 시점에는 3만여 명으로 크게 위축되었고, 1940년 5월에는 1,400여 명으로 오그라들었다. 1942년 8월 허형식이 전사하고 1943년 11월 김책이 잔여 부대를 이끌고 소련으로 돌아간 이후 북만주는 죽음의 고요가 뒤덮었다. 압도적인 군사력으로 만들어진 죽음의 고요 속에 731부대의 마루타 실험과 같은 끔찍한 만행은 계속되었다.

일본 제국주의가 소련과 전쟁에 대비한 것과 마찬가지로 소련에서도 같은 움직임이 있었다. 1937년 소련은 2,500여 명의 고려인을 일본의 첩자란 이유로 체포해 처형했다. 곧이어 18만 여 명의 고려인들을 중앙아시아로 강제 이주케 했다. 항일은 일제의 군사 공격으로, 친일은 소련의 강제이주의 핑계로, 민족의 수난사는 그렇게 모질고 처참하게 계속됐다.

2017년 6월 초하루 나는 허형식에 이어 박정희의 족적을 따라 창춘長春으로 갔다. 그가 다니던 만주군관학교가 바로 창춘에 있었고 지금 그 자리에는 기갑부대가 주둔하고 있다. 부대 입구에는 현대적 느낌이 물씬 풍기는 독특하게 생긴 큼직한 정문만 있었고 그 외에는 아무 것도 없었다. 지인 한 사람은 일전에 이곳에서 정문 사진을 찍었다가 총을 든 군인들이 거칠게 쫓아오는 바람에 꽤 황망했었다고 경험담을 들려주었다. 어차피 부내 내부에 들어갈 것은 아닌지라 택시를 타고 이동하면서 사진 몇 장만 찍고 지나갔다.

창춘의 만주군관학교 구지를 거쳐 김일성의 흔적을 찾아갔다. 지린시의 육문중학(毓文中学)이다. 창춘과 지린 사이에는 고속철도가 있어 오고가기는 편하다. 육문중학도 누구나 아는 명문중학이라 찾아가기가 쉽다. 백두산에서 발원하여 북류하면서 지린시를 관통하는 쑹화강 강가(쑹장로 101호, 린장먼대교의 동북단)에 자리 잡고 있다.

육문중학은 예전의 교사를 기념관으로 남겨두고, 번듯한 새 건물을 사용하고 있다. 기념관으로 남겨둔 육문중학 구지는 어떤 이유에서인지는 모르지만 일반인에게 개방하지 않는다. 중국의 바이두 지도를 보면 육문중학 안에 '김일성 동지 독서 기념실'이란 표지가 나타난다. 중국어에서는 독서가 학교를 다녔다는 뜻이므로 '재학기념 교실' 정도다. 들어가 보고 싶었지만 방법이 없었다. 정문이 아닌 측면의 철제문 너머 육문중학 구지라는 표지석을 보고 사진을 찍는 게 고작이었다.

아쉽지만 밖에서 한번 둘러보았다. 마침 긴 담장의 바깥 면에는 교사校史 전시대처럼 학교 역사를 소개하는 깔끔한 게시물들이 가지런히 부착되어 있다. 김일성의 재학 사실을 소개하면서 교복에 교모까지 착용한 김일성의 학창 시절 사진도 있다.

학교를 빛낸 10인이란 게시물도 있다. 김일성이 우방국의 원수이니 당연히 제일 앞에 등장한다. '조선인민민주주의공화국 창건 주요 영도자의 일인, 조선노동당 조선인민군 주체사상 창건자, 1927~1930년 육문중학 재학'이라고 간략하게 기재돼 있다. 10인 가운데 두 번째 인물은 자오상즈趙尙志다. 중국공산당의 동북항일연군 창건자로 유명하다. 하얼빈을 가본 한국인들은 예외 없이 러시아 풍이 가득한 중앙대가中央大街를 가보았을 것이다. 그 대로와 평행하게 뻗은 동쪽의 다음 대로가 상즈대가尙志大街인데 바로 그의 이름을 딴 거리다. 하얼빈과 무단장 중간에 있는 상즈시尙志市 역시 그의 이름을 땄을 정도로 중국에서는 추앙받는 항일투사다.

육문중학을 찾아가기 전에 대학 시절 친구에게서 개인적으로 김일성에 대한 설명을 들을 수 있었다. 남한에서 김일성 연구에 가장 권위 있는 이종석 전 통일부 장관이다. 그가 정리해준 일제 강점기의 김일성은 이렇다.

김일성은 1912년 생으로 허형식보다는 세 살 아래이다. 현재의 만경대에서 태어났는데 부모 모두 민족주의 성향의 기독교인이었다. 기독교와 민족주의의 요람에서 성장한 셈이다. 1919년 아버지를 따라 만주로 이주했으나 1923년 혼자 평양으로 돌아와 외가에서 창덕학교를 다녔다. 1925년 다시 만주로 돌아간 김일성은 아버지

百年沧桑 桃李芬芳

金日成 朝鲜民主主义人民共和国主要领导人及朝鲜劳动党人民军、主体思想创始人，1927—1930年就读于吉林毓文中学

赵尚志 东北抗日联军创建人和领导人之一，东北地区最早的共产党员之一，1923—1925年就读于吉林毓文中学

纪儒林 东北抗日联军第一军创始人之一，1927年考入吉林毓文中学

商朝宾 "铁血英雄" 1927年考入吉林毓文中学

徐元亮 农安县原旅游副长 1927年考入吉林毓文中学

祖国东简洁郎原副部长 中学民国二十一年肆业

范士合长征三号火箭第二任总设计师，中国第一批火箭专家之一，毓文中学复校后初中三七级一班学生

马宗晋 中国科学院院士，著名地震专家，1947年考入吉林毓文中学

吴祖泽 中国科学院院士，两弹一星 功勋科学家，1929年就读于吉林毓文中学

祖国华 美国天主教大学副校尼克松、福特、里根、老布什届 总统顾问，1935年考入吉林毓文中学

뜻에 따라 1926년 3월 천도교도이자 민족주의자인 최동오의 화성의숙에 입학했다. 그해 아버지가 세상을 떠났고 이듬해인 1927년 지린의 중국인 학교인 육문중학을 다닌 것이다. 이 학교에서 진보적인 교사들로부터 공산주의를 접하게 되었다. 1929년 가을 육문중학에 다니고 있을 때 반일활동으로 중국 군벌당국에 체포되어 생애 처음 수감생활을 겪었고 학교에서도 퇴학을 당했다.

1930년 봄 감옥에서 나온 김일성은 국민부 계통의 조선혁명군 길강지휘부 대원으로 활동했다. 소속 부대가 무너지자 동만주로 이동하여 공산청년동맹 요원으로 활동하다가 1931년 일국일당 원칙에 따라 중국공산당에 입당했다.

일제가 만주사변을 일으키자 김일성도 항일 유격투쟁에 나섰다. 1932년 4월 백두산 산록의 안투현安图县에서 중국 구국군 산하에 별동대를 조직했다. 이것을 북한에서는 반일인민유격대라고 한다. 동만주 각지의 유격대가 단일편제를 갖춰 결성한 동북인민혁명군 제2군 독립사에서 김일성은 2단 정치위원을 맡았다. 1934년 가을의 일이었다. 22세의 나이지만 단의 정치위원을 맡은 것은 그의 투쟁능력과 함께 학력과 중국어 실력 등이 작용한 결과이다. 당시 유격대 요원들 대부분은 빈농 출신으로 문맹률이 80%가 넘었다. 그러나 이 시기에 김일성은 민생단원으로 몰려 아동학교 교사로 강등되기도 했다. 민생단이란 일본이 조직한 조선인 조직으로 민생단이란 딱지는 곧 일제의 앞잡이로 간주되는 명에였다. 이런 위기를 극복한 김일성은 1936년 3월에 결성된 동북항일연군에서는 제1로군 2군 3사 사장師長이 되었다.

1930년대 만주 지역 항일 무장투쟁은 조중연합이었으나 중국공산당이 지도했기 때문에 적잖은 갈등을 겪기도 했다. 그러나 1935년 코민테른 7차 대회를 계기로 조선인 유격대의 주력부대인 동만주 유격부대를 조선혁명의 주체로 인정하면서 새로운 전기를 맞게 되었다. 이 부대가 동북항일연군 제1로군 2군으로 개편되었고 김일성은 2군에서 3사 사장이 된 것이다.

김일성의 3사는 곧 동북항일연군 제1로군 6사로 개편되었고, 6사는 반일민족통일전선체로서 1936년 5월 결성된 조국광복회의 국내 조직사업을 추진했다. 이 시기에 김일성이란 이름이 국내에

보천보 전투를 알린 당시 동아일보 기사

널리 알려지게 된 전투가 있었으니 그것이 바로 1937년 6월의 보천보 전투다. 보천보 전투는 간단히 말해 김일성 부대가 압록강을 넘어 혜산진에서도 20㎞나 들어가 보천보라는 마을에 침투해 경찰주재소, 면사무소, 우체국, 산림보호구 등을 공격하고 '조선민중에게 알린다', '조국광복회 10대 강령' 등의 포고문과 격문을 살포하고 물자를 노획한 뒤 바람처럼 철수한 사건이다. 김일성이 지휘하는 100여 병력이 동원된 이 전투는 규모는 크지 않았지만 동아일보가 이례적으로 호외까지 발행하여 대대적으로 보도하면서 국내외에 큰 관심을 끌어 모았다. 당시는 무장투쟁도 거의 숨을 죽여 가던 시기였으니 상대적으로 더욱 빛을 발한 사건이 된 것이다.

　1938년 12월 일제의 가혹한 공세 속에 김일성은 동북항일연군 제2로군 제2방면군 군장이 되었다. 이 시기에 180여 병력의 마에다^{前田} 부대를 궤멸한 것을 비롯하여 크고 작은 전투에서 승리를 거두었다. 그러나 작은 승리는 더 잔인한 보복으로 되돌아오기를 반복한 끝에 1940년에는 항일 무장투쟁이 붕괴지경에 이르렀다. 김일성 부대는 1940년 8월 소련으로의 철수를 결정했다. 철수 결정 직후 김정숙과 결혼했고, 10월에는 국경을 넘어 블라디보스토크 근처의 보로시로프로 이동해 자리를 잡았다. 그러고는 1942년에 아들 김정일을 얻었다. 북한이 훗날 김정일 신화화의 하나로 김정일이 백두산 밀영에서 출생했다고 하지만 이는 사실이 아니다.

　소련에서 두 곳의 야영지로 나뉘어 있던 동북항일연군은 1942년 8월 동북항일연군 교도려라는 단일 편제로 개편했다. 교도려의 지휘부는 여장^{旅長} 저우바오중^{周保中}과 부참모장 최용건이었다. 산하에 4개 영^營이 있었는데, 1영은 영장 김일성에 정치위원 안길, 2영은 중국인

왕샤오밍이 영장에, 조선인 강신태가 정치위원에 임명됐다. 4영은 영장이 차이스룽에 정치위원이 지칭으로 모두 중국인이었다. 3영의 정치위원은 김책이고 영장이 바로 허형식이었다. 허형식이 편제상으로는 3영 영장이었으나 그는 소련으로 피신하지 않고 끝까지 북만주에 남아 잔류 대원들을 지휘했었고, 그곳에서 전사했다.

1929년부터 중국공산당에 속해 있던 조선인들이 1945년 7월 드디어 '조선'으로 분리되었다. 동북항일연군 교도려에 소속돼 있던 조선인들이 조선의 공산당 건설과 해방사업을 위해 조선공작단을 결성한 것이다. 단장은 김일성이었고 최용건이 당서기를 맡았다. 이들은 소련군과 함께 대일전선에 참전하여 일본군을 격파하면서 귀국하려 했으나 '조국으로의 진군'이라는 꿈은 실현되지 못했다. 공산주의자로 구성된 항일유격대가 만주로 들어설 경우 장제스의 국민당 정부와 갈등이 야기될 것을 우려한 스탈린이 참전을 막았다고 한다. 김일성과 조선공작단은 1945년 9월 비야츠코의 주둔지를 떠나 만주의 자무쓰까지 왔으나 이도 문제가 되어 결국 하바로프스크로 돌아서 배를 타고 9월 19일 원산으로 귀국했다.

김일성은 한국전쟁으로 우리 민족을 동족상잔이라는 엄청난 비극에 빠지게 한 당사자이고, 지금도 대를 이은 세습권력 속에 생존인물보다 더 생생하게 '살아있는 역사'로 우리 현실의 장애물이다. 적대적 공존과 평화적 대결이라는 이율배반 속에 남북은 물론 주변 강대국의 전략적 충돌까지 얽혀 돌아가는 구조에서 분단 상황은 우리에게 국제정치적 군사적 곡예비행을 강요하고 있다. 언젠가는 통일해야 한다는 당위적 명제도 있지만, 그 이전에 현실적인 전쟁의 위험이라는 난제 중의 난제로 우리를 몹시 힘들게 하고 있다. 그 중심인물의 한 당사자가 바로 1950년 6월 25일의 김일성인 것이다. 이런 현실 속에 김일성의 독립운동은 북에서는 신격화로 왜곡되고, 남한에서는 가짜 김일성까지 동원해 폄하하고 배제해 왔다.

그러나 김일성의 독립운동 역시 이제는 차분하게 되짚어야 한다. 궁극적으로 통일을 지향한다고 할 때 통일의 대상과 범위는 어디까지인지에 대해 많은 기준과 다양한 논의가 있어 왔다. 영토는 물론이요, 혈연과 국적의 범위, 경제적 연대의 수준 등등 수많은 논점과 쟁점이 있다. 사상과 이념의 차이도 중요한 쟁점의 하나다. 그러나 이것은 분단과 전쟁이라는 대결구조에서는 공존의 실마리를 찾기는 힘들다. 사상과 이념은, 민주주의라는 대전제 아래 구체적으로는 독립이라는 공통의 목표를 향해 매진하던 항일투쟁의 역사에서 실마리를 풀어낼 수 있지 않을까. 이런 면에서 아무리 객관적으로 평가한다고 해도 심히 거북한 인물인 김일성의 항일투쟁 역시 담담하게 읽어두는 것이 필요하지 않겠는가. 다시 한 번 말하건대 그것은 극단적인 북한식 신격화는 물론 가짜 김일성론과 같은 남한식 왜곡도 배제해야 한다는 것이다.

다시 허형식으로 돌아가자. 중국 대륙에서 펼쳐진 조선인들의 독립운동을 찾아다니던 2년에 걸친 11차례의 답사여행을 끝내고, 이제 이야기의 마지막 단원을 끝내가고 있다. 마지막 단원은 허형식이 주인공이고 김일성과 박정희가 조연이다.

허형식은 구미시 임은동에서 허위의 가문에서 태어났다. 어려서 부모의 손을 잡고 만주로 건너가 타국 땅에서 망국노의 아들로 성장했으며, 1942년 8월 만주의 마지막 파르티잔으로 일제에 대항하여 무장투쟁을 벌이다가 처참하게, 장렬하게 전사했다.

허형식이 태어난 구미 임오동 마을의 경부선 철도 건너편에 있는 상모동에서는, 박정희가 태어났다. 그가 무장투쟁을 벌인 만주 한쪽에는 김일성이 있었다. 김일성은 젊은 간부로 빛나는 전과를 냈다. 허형식이 끝내 전사했던 만주에서 김일성은 상부에 보고도 않고 자기 손으로 무장투쟁을 접고 소련으로 피신했다. 그리하여 끝까지 살아남았다. 허형식이 죽은 땅 한쪽에서는 박정희가 출세의 푸른 꿈을 안고 만주군관학교에 입교했다. 그는 우수한 졸업 성적을 발판으로 일본 육사에 편입해 무사히 졸업했고, 촉망받는 조선인 출신 일본군 장교로 만주 땅에 다시 부임했다.

김일성은 항일투쟁에서 끝까지 살아남은 자로서, 일제 패망 이후에 시작된 '살아남은 자들의 리그'에서 승리했다. 북한의 최고 권력자가 되었으나 그는 분단과 전쟁의 장본인이 되었다. 그는 북한에서는 승리자였으나 그를 절대로 용서할 수 없는 수많은 피해자들의 가해자가 되었다.

박정희는 일제가 패망한 뒤 분단과 전쟁의 소용돌이 속을 영특하게 헤쳐 나갔다. 쿠데타를 통해 남한의 최고 권력자가 되었다. 그는 경제정책에 성공했고, 김일성과 이승만이 미국과 소련을 대신해서 만들어놓은 분단체제를 십분 이용하여 장기집권까지 이뤘다.

김일성은 죽은 뒤에도 손자까지 최고 권력자로 세우는 불후의 세습 신화를 펼쳤다. 공산주의가 왕조로 전변하리라고는 그 누구도 상상하지 못했다. 박정희 역시 자신의 여식을 대통령이 되게 하는 놀라운 사후 신공을 보였다.

그에 비해 허형식은 일제 패망 얼마 전에 전사한, 아쉽고 안타까운 항일투사에 지나지 않는다. 그가 전사한 곳에 조국이 아닌 중국이 기념비를 세워주었을 뿐, 남한에서건 북한에서건 허형식은 외면하고 잊고 배제해온 존재였을 뿐이다.

2017년, 김일성의 손자는 국제사회에서 쏟아지는 비난과 공세 속에 버티고 있으나 어디까지 버틸지 위태롭게 보이기만 한다. 박정희의 여식은 자신이 임명한 헌법재판소 재판관에게까지도 파면 결정을 받았고, 감옥에 갇힌 채 결과가 어떨지 모르는 재판을 받고 있다. 김일성은 북한에서만 추앙받는 존재이고, 박정희는 국내외에서 찬반이 갈리는 존재지만 딸의 탄핵과 함께 그 존재감이 뚝 떨어졌다.

허형식은 뒤늦게 한 사람 한 사람의 기억에 되살아나고 있다. 그의 안타까운 죽음은 위대한 죽음으로 전화되어 우리에게 다가오고 있다. 부활하고 있는 것이다. 허형식이 살아남았으면 김일성을 대체하는 인물이 되었을지도 모르지만 역사에 부질없는 가정을 세울 필요는 없다. 허형식과 같은 곳에서 태어난 박정희와 군이 대비해서만 볼 필요도 없다. 그러나 역사를 흘러간 시간에 대한 반성과 반추라고 한다면 허형식은 그 옆에 김일성과 박정희를 나란히 세워두어야 제대로 조망할 수 있는지도 모른다.

허형식이 살아나서 오늘의 이 형국을 본다면 무어라 말할 것인가. 김일성의 권력과 숙청에 대해, 박정희의 친일과 독재 그리고 두 거물의 권력 세습과 그 결과에 대해 과연 무엇이라 말을 할 것인가. 그리고 자신의 처참한 죽음에 대해서는 무엇이라 말할 것인가.

나는 내 졸렬한 글의 마지막 단원에서나마 허형식을 주연으로 세우고 김일성과 박정희를 조연으로 놓는다. 이게 과문한 내가 오십 줄 넘어 조금씩 읽고, 부지런히 답사하고, 동반자들과 함께 여행하면서 둔한 머리로 많은 시간 곱씹어가며 스스로 독해한 역사이다. 역사는 이긴 자의 기록이라고 한다. 그러나 역사는 또한 기억하는 자의 역사로 서서히 돌아가는 게 아닐까. 그리하여 나는 기억하려고 한다, 허형식의 위대한 죽음과, 수많은 사람을 고통에 빠뜨린 김일성과 박정희의 권력은 재평가 받아야 한다는 것을. 그것이 허형식의 가치이고 허형식의 역사가 아닐까.

    20세기 전반의 독립운동사를 찾아다녔는데 그 끝이 2017년의 김정은과 박근혜에 직접 연결돼 있다는 사실이 새삼 놀랍다. 우리가 오래 전의 일이라 생각하기 쉬운 독립운동사, 좌우의 이념갈등과 항일·친일의 논란이 결코 오늘만의 일이 아니라 지난 1세기의 역사가 얽히고설킨 실타래란 것을 새삼 발견한다. 그래서 이것을 푸는 노력 역시 짧아도 100년 정도는 걸려야 한다는 것도 사실이라고 믿는다. 과거는 용서할 수도 있고 잊을 수도 있다. 그러나 과거가 새겨서 오늘에 닿아 있는 역사는 잊을 수도 지울 수도 없다. 다만 차분하게 바라보고 풀어가는 수밖에.

에필로그

전각 류시호

여행을 마치며

중국이란 나라의 영토 안에 거류하거나 여행한 것이 2006년 1월부터였으니 벌써 11년을 채우고 있다. 그동안 중국에서의 여행이란, 외국인으로서 관찰자의 시선으로 다녔으니 가벼운 걸음이었다. 그러나 일제강점기에 조선인들이 벌인 독립운동의 흔적을 찾아다닌 여행은 결코 관찰자에 머물 수만은 없었다. 애초부터 은근히 비켜가고 슬그머니 피해 다니던 주제였다. 그러나 시기와 우연은 끝내 나를 잡아 세웠다. 결국 독립운동을 주제로 열한 차례의 여행을 했고, 글 또한 이제 마감에 이르게 되었다.

중국에서 벌어진 조선인들의 독립운동을 찾아가는 여행은 2012년부터 태동했으나 실제 답사는 2015년 여름부터 시작했다. 그해 9월 상하이, 10월 베이징으로 시작해서. 2016년에는 1월에 화남 화중(광저우 하이펑 구이린 창사 우한 충칭 상하이 항저우) 지역을, 2월에는 난징을 거쳐 타이항산 지역을, 8월에는 만주(하얼빈 뤼순 선양 신빈 퉁화 지린 옌볜 하이린 하얼빈) 일대를 순회하듯 돌았다. 여기까지 다섯 차례의 여행을 마친 다음에 글로 정리했다.

글을 시작하자마자, 내 지식이 턱없이 부족하다는 것을 실감했다. 여행객을 자처하면서 발품까지도 크게 부족함을 절감했다. 발품이 마음까지 차오르지 않았던 것이다. 나는 주저 없이 다시 배낭을 꾸렸다. 한 번 돌아보았던 중국 대륙을 다시 한 번 돌다시피 했다. 2016년 가을에 상하이와 베이징, 2017년 1월에 다시 상하이와 난징, 4월에 타이항산, 6월에는 만주 지방을 다녀왔다. 2년 반에 걸친 열한 차례의 답사여행이었다.

적지 않은 시간과 비용을 들여 답사와 글쓰기를 했는데, 그렇게 해서 나는 무엇을 배운 것일까. 한 마디로 압축하면 바로 앞면의 전각에 새긴 자주독립이란 한 마디다. 오십 줄에 2년 반 동안 돌아다녀서 얻은 것이 고작 상투적인 그 한 마디 자주독립이라니……. 십대 초중반에 누구나 학교에서 배운 한 마디를 이제 와서 다시 배운 셈이다.

자주독립을 탈취당한 시대가 곧 일제강점기이다. 나라를 되찾겠다고 일본 제국주의에 맞선 독립운동은 어느 하루도 예외 없이 간난고투였다. 국권을 침탈당한 식민지 백성들의 삶도 굴종의 일상이었다. 자주독립은 잃고 나서야 그것이 얼마나 귀중한 것인지 알게 되는 것이다.

가장 큰 책임은 나라를 빼앗긴 조선의 무능한 왕실과 부패한 정권, 그리고 그 잘난 관료와 저 못난 양반들이다. 그들은 권력과 부를 누렸으나 그에 합당한 책임은 버리다시피 했다. 시대를 앞서 가기는커녕 변화를 알아차리지도 못했다. 그 와중에도 자신들의 권력을 놓지 않으려고 백성을 밟았고, 그게 모자라면 외세까지 주저 없이 끌어들였다. 외세를 스스로 끌어들인 것이니, 일찌감치 자주自主를 폐기해버린 셈이다. 그렇게 혼돈에 빠진 결과는 국권을 통째로 빼앗긴 식민지 나락. 그렇지만 그들 대부분은 일본 천황에 충성하는 귀족 신민으로 재빨리 거듭났다.

나라를 잃었으면 당연히 침탈당한 국권을 되찾고, 식민수탈에 허덕이는 백성들의 일상을 정상으로 되돌리려 해야 한다. 그러나 일제강점기 독립운동의 역사는 항일투쟁과 친일매국이 동전의 양면처럼 함께 돌아가는 바퀴였다. 당시에 형성된 사회계층 구조와 친일매국의 풍토는 21세기인 지금까지도 우리에게 문제로 남아 있음을 주목해야 한다.

자주독립이란 관점에서, 일제의 패망을 민족의 해방으로 생각하는 것 역시 역사의 현실과는 동떨어진 인식이다. 제국주의 일본을 대신해서 남한을 점령한 미국 군대는 점령군으로서 대한민국 임시정부에게 개인자격으로만 귀국하도록 했다. 사회주의 성향이라면 독립운동가든 아니든 간에 탄압했다. 마찬가지로 북한을 점령한 소련군 역시 1945년 9월 이미 안동에서 신의주로 입국한 4백여 명의 조선의용군에게 무장해제를 요구했고 그들은 다시 중국으로 회군할 수밖에 없었다. 그해 11월 선양에 집결한 조선의용군의 입국도 불허했다. 해방이 아니라 점령군의 교체였기 때문이다.

그들은 자신들의 국가 이익을 위해 자신들의 입맛에 맞는 이승

만과 김일성을 앞세웠다. 두 정치인이 나름대로 독립운동을 했다고
는 하지만, 일제 패망 이후에는 자주의 맥락이 아니라 자신의 권력
획득에 충실했다. 두 강대국의 분할점령에 국내의 좌우갈등이 더
해졌고, 그것은 동족상잔이란 끔찍한 전쟁으로 나타났다. 그 이후
지금까지 우리는 분단과 전쟁의 엄청난 고통을 고스란히 감수하고
있다. 한국전쟁의 포성이 멈춘 지 60년이 훨씬 지난 지금도 그것이
가장 난감한 국정과제이고 가장 민감한 상처이다. 독립이 자주를
갖추지 못한 탓이다. 남의 손으로 걷어낸 식민 지배의 굴레는 결코
온전한 해방이 아니었다.

우리를 둘러싼 위태로운 국제정치 구도 역시 자주독립을 곱씹
게 한다. 수천 년을 이어온 대륙의 육중한 압박, 신흥세력으로 밀
고 들어오는 해양의 거친 칼부림, 쇄빙선처럼 약간의 틈만 있으면
비집고 남하하려는 북방의 저돌적인 힘은 결국 우리의 자주독립
을 삼켜버렸다. 그 구도 속에서 조선에 관한 한 일본이 승자가 되
었고 그들에게 식민 지배를 강요당했다. 일제가 패망하고도 그 구
도는 미소를 양극으로 하여 더욱 강렬해졌다. 일본이 극우로 기울
고 중국이 굴기한 21세기 국제정치 구도는 그때와 똑같이 우리를
궁지로 몰아세우고 있다. 수위가 높아지기만 하는 남북의 갈등, 핵
무기와 사드를 둘러싼 국내외 갈등에 중국의 보복론, 일본의 전쟁
론, 미국의 강자론 등 대부분의 요소가 조선이 자주독립을 상실할
때나 일제가 패망했던 그때 그대로 아닌가.

우리의 지난 1세기는 자주독립의 완전한 상실에서 한 걸음 한
걸음 되살아나오는 과정이다. 아직도 우리는 자주독립이 완성되었
다고 자신하기는 이른 것 같다. 이런 면에서 일제강점기는 과거의

역사가 아니라 오늘의 현실을 규정하고 있는 배면이자 내일의 반사경이다. 과거의 과거가 아닌 것이다. 그런 연유로 역사학계에서는 1945년 또는 1948년을 기점으로 근대와 현대를 구분하지만 나는 내 글에서 독립운동의 시기를 한국 현대사라고 고집한다. 우리 현대사에서 가장 엄중한 과제가 자주독립인 까닭이다.

답사 여행을 마무리해가던 지난봄 베이징의 한국인 화가 류시호 선생에게 자주독립 네 글자를 새긴 전각을 부탁했다. 며칠 밤을 새운 끝에 전각 하나를 완성해서 보내왔다. 찬보자^{爨寶子} 체로 한 획 한 획 강한 힘을 불어넣은 멋진 작품이다. 표지의 전각이 바로 그것이다. 자주독립은 부드러운 외면을 갖춘다고 해도 그 근간은 굳건한 다리가 땅을 강하게 딛는 강력한 자존의 힘이어야 한다. 그 힘을 바탕으로 거친 국제정세를 대면할 때 비로소 백성들이 편안하게 살 수 있는 나라의 틀이 만들어지는 것 아니겠는가. 내 비록 소심한 여행객에 지나지 않지만 오늘 다시 우리라는 공동체의 일원으로서 자주독립이란 한 마디를 마음에 새긴다. 그런 뜻에서 유당에게 전각을 부탁했고 유당은 그런 희원을 담아 새긴 것이다.

여섯 번째 중국 여행기를 마무리하면서 지난 2년 반 동안 도움을 준 여러분들에게 감사의 말씀을 드리지 않을 수 없다. 이 분들이 있어서 여행은 여행대로 풍부해졌고 부족한 글이지만 여러 독자들과 공유할 수 있게 되었다.

풍객 김영민 님은 옌안 뤄자핑의 조선군정학교 표지를 찾아보게 한 장본인이었고 답사여행 내내 응원을 해주었으니 이 글의 산파인 셈이다. 박혜숙 푸른역사 대표는 평소에는 술친구라고 하지만 이 글에 관해서는 산파의 일인이다. 독립운동을 답사여행의 주제로 세우는 동안 중요한 자료까지 찾아주면서 후원해주었다. 새로운 분야에 눈을 뜨게 해준 두 분에게 제일 먼저 감사의 말씀을 보낸다.

독립운동사를 읽기 시작하면서 대학 시절로 돌아간 듯 대학 친구들을 다시 만나게 됐다. 동문이 아니라 독립운동사 선생님으로 만났음에 감사를 표한다. 임경석 성균관대 사학과 교수, 장세윤 동북아역사재단 연구위원, 이종석 전 통일부 장관 셋이 바로 그들이다.

책으로 만난 선생님들은 너무 많아 일일이 거명치 못하고 참고문헌 리스트로 갈음하고자 한다. 책값은 출판사에 지불했다지만 저자에게 따로 치러야 할 '글값'은 아직 제대로 치루지 못한 것도 기억해두고자 한다. 일부 저자에게는 '개인교습'을 받을 기회까지 있었다. 이육사에 대한 폭넓은 이해를 도와준 도진순 창원대 교수, 김필순의 아들이자 중국 영화의 황제 김염의 존재를 되살려준 임대근 외국어대 교수, 3.1운동과 손병희의 의의를 친절하게 가르쳐준 윤소영 독립기념관 연구위원, 위안부 피해자가 우리에게 어떤 의미인지를 알려준 강성현 성공회대 교수에게 감사의 말씀을 남긴다. 아울러 내 중국여행과 관련하여 일 년 열두 달 항상 중국학 선생님이 되어주는 조관희, 민정기, 김월회, 홍승직, 홍상훈, 리무진 등등 여러 선생님들에게 마음을 담아 감사의 말씀을 전한다.

내 답사여행은 동반자들이 있어 여행으로서 풍부해지고, 길 위에서 많은 이야기를 나누면서 더욱 풍성해졌으니 이들에게도 감사하지 않을 수 없다. 화남 화중 지역 답사에 동반해준 이진숙 영화사

하얼빈 대표, 문현재 님, 조성환 교수, 만주지역에 함께 해준 여행 친구 김기묵, 김현수, 주한규, 박청용, 최명호 님, 또 다른 여행그룹 조용주, 차성호, 황명익, 정득부, 박미정, 안시은 님 모두에게 감사할 따름이다.

인터넷 세계에서 내 중국 답사여행에 함께 해준 많은 네티즌들에게도 고마움을 전한다. 이들은 주로 나의 블로그 왕초일기를 통해 응원해주었다. 대면한 적은 없지만 고마운 인터넷 지인들이다.

귀한 지면을 할애해준 월간중앙의 김홍균 편집장과 이항복, 최경호 기자, 최병일 한국경제신문 기자에게도 특별한 고마움을 전하고자 한다. 독립운동을 주제로 여러 사람과 이야기를 나눌 자리를 마련하여 독립운동에 관한 나의 생각을 조금 더 정리할 기회를 만들어준 분들도 있다. 진경환 한국전통문화대 교양학부 교수와 이경수 강서도서관 팀장, 장종학 중국 장안대학교 교수, 최재선 해양수산개발원 선임연구위원, 김정웅 서플러스글로벌 대표 모두 감사한 분들이다.

친구이면서도 변함없는 후원자인 오광현 도미노피자코리아 회장, 김동진 헥사곤미디어 대표, 함상규 방송통신심의위원회 감사실장, 김민영 드림커뮤니케이션 대표, 오재록 전 한국만화영상진흥원장에게도 고맙다는 말씀을 남긴다. 이 글을 풀어쓰기 시작할 때 순천만에 집필 공간을 따로 마련해주고 하루 세끼 식사까지 챙겨준 황영덕, 김종호 님 부부에게, 늙다리 하숙생의 마음으로 깊은 감사를 표한다.

내 오프로드 캠핑 선생님이기도 한 김형수 님은 이 글이 책으로 만들어지도록 특별한 인연을 만들어주었다. 오 년 전에 한희덕 님을 만나게 해주었고 금년에 다시 삼인이 회동하여 한희덕 님이 이 책의 편집과 출판을 맡게 하는 다리를 놓아주었다. 한희덕 님은 출판계 사정도 편치 않고, 내 글과 사진이 크게 부족함에도 불구하고 성의를 다해 좋은 책으로 만들어주셨으니 두 분에게 묶음으로 감사하는 바이다.

끝으로, 이번 주제에서는 느닷없이 상하이 난징 답사여행에 동반해준 두 아들, 인생을 여행처럼 사는 큰 아들 두영, 그리고 5년간 다니던 회사를 잠시 멈추고 일 년 동안 세계여행을 떠나는 작은 아들 채영, 둘 다 일찌감치 자녀의 테두리를 벗어나 인생의 동반자가 되어주었다. 언제나 좋은 여행이 이어지기를 기원한다.

평생의 반려자이면서 응원단장으로 함께 해준 아내 김현란에게 가장 크게 감사한다. 이전에 약속한 세계일주를 액면대로 지키지는 못했지만, 새해에는 그 첫 걸음으로 서쪽으로 멀리 그리고 조금 길게 가는 여행에서 충실한 도우미가 되기로 다짐하는 것으로 감사의 마음을 고백한다.

2018년 새해 첫달
암사동에서 윤태옥

참고문헌

허형식 장군 / 박도 / 눈빛 2016
혁명과 의열 - 한국독립운동의 내면 / 김영범 / 경인문화사 2010
임시정부의 품 안에서 / 김자동 / 푸른역사 2015
격정시대 / 김학철 저, 고명철 역 / 지식을만드는지식 2010
역사교과서 국정화 왜 문제인가 / 김한종 / 책과함께 2016
끝나지 않은 20세기 / 이시카와 쇼지, 히라이 가즈오미 엮음 / 최덕수 옮김 / 역사비평사 2008
중국대륙에서 부르는 타이항산 아리랑 / 한중항일역사탐방단 / 차이나하우스 2014
코레예바의 눈물 / 손석춘 / 동하 2016
한국사를 지켜라 1 / 김형민 / 푸른역사 2016
아리랑 / 님 웨일즈 지음, 조우화 옮김 / 동녘 1984
아리랑2 / 님 웨일즈 / 학민사 / 1986
한국현대사와 사회주의 / 성대경 엮음 / 역사비평사 2004
항일독립군 최후의 분대장 / 김학철 / 문학과지성사 1995
이화림 회고록 / 장촨제 순징리 엮음, 박경철 이선경 옮김 / 차이나하우스 2015
아직도 내겐 서간도 바람소리가 / 허은 구술, 변창애 기록 / 정우사 1995
박헌영 일대기 / 임경석 / 역사비평사 2005
만주항일 파르티잔 / 윤순호 / 선인 2009
잃어버린 한국현대사 / 안재성 / 인문서원 2015
이재봉의 법정증언 / 이재봉 / 들녘 2015
일제하 만주지역 한인사회의 동향과 민족운동 / 황민호 / 신서원 2005
민주주의를 향한 역사 / 김정인 / 책과함께 2015
윤세주 / 김영범 / 역사공간 2013
柳自明傳 / 安奇 / 中國農業出版社 2004
사랑할 때와 죽을 때 / 원희복 / 공명 2015
한국독립운동사 - 해방과 건국을 위한 투쟁 / 박찬승 / 역사비평사 2015
대한민국 임시정부 바로 알기 / 이봉원 / 정인출판사 2010
약산 김원봉 평전 / 김삼웅 / 시대의창 2013
이육사 평전 / 김희곤 / 푸른역사 2013
한국독립운동과 중국군관학교 / 한상도 / 문학과지성사 1994
黃埔軍校 / 曾慶榴 總撰 / 中央新聞紀錄電影制片廠 2011
시민을 위한 현대사 / 주대환 / 나무나무 / 2017
왕산 허위의 나라사랑과 의병전쟁 / 김희곤 외 / 구미시 안동대학교박물관 / 2014
상해의 조선인 영화황제 / 스즈끼 쓰네카쓰 저 이상 옮김 / 2996
허형식 연구 / 장세윤
김일성 연구 / 이종석

중국에서 만나는
한국독립운동사

초판 제1쇄 발행 2018년 1월 25일
제2쇄 발행 2018년 4월 20일
제3쇄 발행 2019년 1월 25일
제4쇄 발행 2019년 10월 18일

지은이 윤태옥

펴낸이 김현주

편집장 한예슬
교 정 김형수
디자인 노병권
마케팅 한희덕
펴낸곳 섬앤섬

출판신고 2008년 12월 1일 제396-2008-000090호
주　　소 경기도 고양시 일산동구 백석로 119. 210-1003호
주문전화 070-7763-7200 **팩스** 031-907-9420
전자우편 somensum@naver.com
출　　력 나모 에디트(주)
인　　쇄 우진테크(주)

ISBN 978-89-97454-23-5 03910

이 책의 출판권은 섬앤섬 출판사가 소유합니다. 저작권법에 따라 보호를 받는 저작물이므로 무단 전재와 복제를 금합니다.